Bank- und finanzwirtschaftliche Abhandlungen
Herausgegeben von Prof. Dr. W. Prion, Berlin
Siebentes Heft

Die Reformmöglichkeiten des reichsbehördlichen Zahlungsverkehrs

Von

Dr. rer. pol. Karl Koch

Mit 3 Textabbildungen

Springer-Verlag Berlin Heidelberg GmbH
1927

ISBN 978-3-642-89120-5 ISBN 978-3-642-90976-4 (eBook)
DOI 10.1007/978-3-642-90976-4

Softcover reprint of the hardcover 1st edition 1927

Vorwort.

Die auf Grund des Kabinettsbeschlusses vom 27. November 1922 unter Leitung des Herrn Staatsministers a. D. Saemisch begonnene Sparaktion hat sich nicht allein mit dem Personalabbau, sondern auch mit zahlreichen Fragen der Reichsverwaltungsreform befaßt. Insbesondere ist auf letzterem Gebiet die Verbesserung der Arbeitstechnik in dem Büro- und Kassenbetrieb einer eingehenden Prüfung unterzogen worden. Die teils im Büro des Reichssparkommissars, teils aus der Tätigkeit seiner Sparbeauftragten bei den Landesfinanzämtern entstandenen Prüfungsberichte und Verbesserungsvorschläge haben Anlaß gegeben, die Frage der Reform des Reichskassenwesens in einer Reihe von Sonderuntersuchungen und Kommissionsberatungen, an denen ich infolge meiner Zugehörigkeit zum Sparkommissariat persönlich teilnahm, eingehend zu prüfen. Aus dem reichhaltigen Material, das mir zugänglich war, habe ich in der nachstehenden Arbeit eine systematische Darstellung des gesamten Reformgebietes und aller Einzelfragen gegeben, die im allgemeinen Gegenstand der Beratungen waren. Ich habe infolgedessen bei der Behandlung der einzelnen Reformvorschläge auf den jedesmaligen Quellenhinweis verzichten können. Soweit ich jedoch in meiner Arbeit die Frage der maschinellen Hilfsmittel und deren Anwendung im Reichskassendienst behandelt habe, konnte ich mich auf meine eigenen, auf diesem Gebiet bereits früher angestellten Untersuchungen stützen.

Beträchtlich gefördert wurde meine Arbeit durch die wertvollen Anregungen und Hinweise, die ich im Sparkommissariat, insbesondere von den Herren Ministerialdirektor Dr. Vogt, Reichsbahndirektionspräsident Halke, Ministerialrat Dr.-Ing. Schäfer und Oberpostrat Blievernicht erhalten habe. Ich möchte nicht verfehlen, diesen Herren an dieser Stelle meinen ehrerbietigsten Dank auszusprechen. Ferner danke ich meinem verehrten Lehrer, Herrn Professor Dr. Prion, für die besonderen Ratschläge, die er mir vom Standpunkt der wissenschaftlichen Behandlung der vorliegenden Arbeit gegeben hat.

Berlin, im November 1926.

Karl Koch.

Inhaltsverzeichnis.

Einleitung.

Die grundlegenden Veränderungen, die die gesamte Reichs- und Landesverwaltung durch die Reichsverfassung von 1919 erfahren hat, und die zahlreichen Verwaltungsaufgaben, die die Reichsbehörden im Zusammenhang mit der Ausführung des Friedensvertrages übernehmen mußten, haben eine beträchtliche Anzahl neuer Verwaltungsstellen entstehen lassen. Mit diesen sind naturgemäß auch Kassen und kassenähnliche Einrichtungen geschaffen worden, die sowohl ihrer Zahl nach als auch in der Art ihrer Geschäftsorganisation in manchen Verwaltungszweigen weit über das Maß dessen hinausgingen, was im Hinblick auf den Umfang und die Bedeutung ihrer Aufgaben als notwendig anerkannt werden konnte. Das schnelle Wachsen und Vergehen dieser neuen Reichsverwaltungsstellen und die ständige, nach Umfang und Bedeutung wechselnde Arbeitsmenge ihrer Kassen verhinderte eine einheitliche geschlossene Kassenorganisation und bewirkte auch, daß vielfach notwendige Rücksichten auf volkswirtschaftliche Forderungen bei der Ausübung ihrer Tätigkeit außer acht blieben. Die Kassen ließen auch oft die üblichen banktechnischen und kaufmännischen Gepflogenheiten im Verkehr mit den Zahlungspflichtigen bzw. Zahlungsempfängern vermissen, so daß die Kassen mit ihren veralteten Arbeitsmethoden zuweilen hemmend auf den privaten Geschäftsgang einwirkten.

Mit der sich langsam vollziehenden Konsolidierung der Reichsverwaltung und des Wirtschaftslebens und mit der Erneuerung der Reichswährung erhält nun die Frage eine besondere Bedeutung, ob und in welchem Umfange die Kassenorganisationen der Reichsbehörden den zeitgemäßen Anforderungen des volkswirtschaftlichen Zahlungsprozesses noch entsprechen und in welcher Richtung ihre Tätigkeit, nämlich die Vermittelung des Zahlungsverkehrs, vereinfacht, verbilligt und an geeignete bankmäßige und neuzeitige Arbeitsmethoden angelehnt werden könnte.

Ein besonderer Anlaß, das reichsbehördliche Kassenwesen allgemein in organisatorischer wie in materieller Richtung zu regeln, ist bereits durch § 55 der Reichshaushaltsordnung vom 31. 12. 1922 (RGBl. II 1923, S. 17) gegeben, nach welchem die Reichsregierung gehalten ist, einheitliche Grundsätze für die Kassen- und Buchführung zu erlassen. Die Reichsfinanzverwaltung hat federführend unter Beteiligung der hauptsächlichsten Ressorts die Arbeiten bereits in Angriff genommen und berät z. Z. in drei Sonderkommissionen über eine Reichsrechnungsordnung, Reichsbuchungsordnung und Reichskassenordnung.

Neben diesen Arbeiten wird die Reform des gesamten Kassenwesens und des Zahlungsverkehrs weiterhin durch die auf Grund der Kabinettsbeschlüsse vom 27. November 1922 und 3. Dezember 1923 eingeleitete Sparaktion beträchtlich gefördert. Im November 1924 wurde unter Leitung des Sparkommissars eine eingehende Erörterung über die auf dem Gebiete des Kassen- und Rechnungswesens vom Standpunkt der Arbeits- und Kostenersparnis aus möglichen Reformen abgehalten und das Ergebnis der Untersuchung in einer Denkschrift für den Reichsfinanzminister niedergelegt.

Wenn auch eine Darstellung des behördlichen Zahlungsverkehrs und seiner Reform das gesamte Gebiet des öffentlichen Kassenwesens zu umfassen hätte, weil sowohl die Geldbewegung der Reichs- als auch der Staats- und Kommunalverwaltung gleichartig auf den volkswirtschaftlichen Zahlungsprozeß einwirken, so wird die vorliegende Untersuchung doch ausschließlich die Kassenorganisation und das Zahlungswesen der Reichshoheitsverwaltungen [1]) behandeln, sie wird also auch die Kassenorganisation der jetzigen Deutschen Reichsbahn-Gesellschaft, die sich in eine vorwiegend erwerbswirtschaftliche Unternehmungsform umgebildet hat, außer Betracht lassen, obgleich der Zahlungsverkehr dieser Unternehmung in großem Umfange noch behördliche Formen besitzt und nicht ohne maßgebenden Einfluß auf den Zahlungsverkehr der Reichsverwaltung bleiben wird. Ebenso soll die Kassenorganisation der Reichspost, nachdem auch sie aus dem Reichsetat herausgenommen ist und nunmehr als selbständig wirtschaftende Unternehmung ihre Geschäfte führt, nur insoweit in den Kreis der Untersuchung eingezogen werden, als die Post an der Abwickelung des behördlichen Zahlungsverkehrs als Geldinstitut beteiligt ist und durch ihre inneren wie äußeren Maßnahmen und Anordnungen auf dem Gebiete des allgemeinen Zahlungswesens einen unmittelbaren Einfluß auf den Zahlungsverkehr der Reichshoheitsverwaltungen auszuüben vermag.

Die Stellung, die der hier zur Untersuchung stehende Gegenstand in der Wissenschaft einnimmt, wird durch zweierlei gekennzeichnet: einmal handelt es sich beim Kassen- und Zahlungswesen nicht um einen Gegenstand der reinen Finanzwissenschaft, sondern

[1]) Zu den Reichshoheitsverwaltungen rechnen mit Ausnahme der Reichspostverwaltung sämtliche Reichsministerien mit ihren nachgeordneten Behörden.

um Einrichtungen, die bei allen großen Einzelwirtschaften oder Unternehmungen zu beobachten sind und demnach einen Wissenszweig betreffen, der zum großen Teil der Betriebswirtschaftslehre angehört. Andererseits aber sind im behördlichen Kassen- und Zahlungswesen öffentlich rechtliche und politische Rücksichten von bestimmendem Einfluß, die eine Anpassung an die Eigenart verfassungsmäßiger Forderungen verlangen.

A. Die gegenwärtige Organisation des Reichskassenapparates und seines Zahlungsverkehrs.

I. Die Systematik der reichsbehördlichen Kassenorganisation.

Der Reichskassenapparat hat sich naturgemäß aus den Kasseneinrichtungen der Länderverwaltungen entwickelt. Die Grundlagen seiner Organisation und Tätigkeit werden daher auch von den Bedingungen beherrscht, die für jene behördlichen Kassen allgemein maßgebend waren. Demzufolge sind die Kassen der Reichsverwaltung in ihren gegenwärtigen Formen im allgemeinen in die gleiche Systematik einzugliedern, die auch für die landesbehördlichen Kassen bisher gebräuchlich war.

Bekanntlich werden im behördlichen Kassenwesen drei Organisationssysteme unterschieden[1]):

1. das System der einheitlichen Staatskassen, solcher Kassen, die den Kassendienst aller an einem Ort vorhandenen Behörden ohne Unterschied der Verwaltungszweige auf sich vereinigen;
2. das System der Verwaltungszweigkassen, hierunter werden solche Kassen verstanden, die als besondere Kassenbehörde in jedem Verwaltungszweig eingerichtet sind, und die mit ihren Unter- und Hilfskassen eine in sich geschlossene Einheit bilden (z. B. die Kassen der Finanzverwaltung, der Post, des Versorgungswesens);
3. das System der behördlichen Kassen, das sind solche Kassen, die, ohne Teil eines größeren zusammenhängenden behördlichen Kassenapparates zu sein, bei jeder einzelnen Behörde vorhanden sind und ein an sich geschlossenes Gebilde darstellen, z. B. die Kasse des Reichspatentamtes, die Kasse des Reichsgerichts.

In der behördlichen Praxis haben sich diese verschiedenen Systeme nirgends rein verwirklichen lassen, vielmehr stellen die in

---

[1]) Roscher: System der Finanzwissenschaft, S. 703. Wagner: Finanzwissenschaft, S. 274.

der Reichsverwaltung vorhandenen Kassenorganisationen, wie auch sonst in der staatlichen Verwaltung, allenthalben ein Gemisch dieser drei Systeme dar, bei dem je nach der geschichtlichen Entwicklung oder aus Zweckmäßigkeitsgründen in den einzelnen Verwaltungen bald das eine, bald das andere System überwiegt.

Die herkömmliche Einteilung der Kassenorganisation nach Einheitskassen, Verwaltungszweigkassen und behördlichen Kassen gibt noch keine treffende Kennzeichnung aller vorhandenen Kassentypen in ihrer Wesensart als Träger des Zahlungsverkehrs.

Um zu einer Charakteristik und systematischen Einordnung der Reichskassenstellen in den Gesamtrahmen der Reichskassenorganisation zu gelangen, ist es zweckmäßig, zunächst die allgemeinen Aufgaben und die Zweckbestimmung der einzelnen behördlichen Kassentypen zu betrachten.

Die behördlichen Kassen vereinnahmen und verausgaben die nach dem Reichshaushaltsplan vorgesehenen Ansätze und weisen sie buchmäßig nach. Die Kassen haben danach sowohl den rein kassenmäßigen Eingang und Ausgang als auch den rechnerischen Beweis über die formgerechte und ordnungsmäßige Erledigung dieser Arbeiten zu führen und in periodischen Rechnungen darzulegen. Der gesamte behördliche Kassendienst ist nach den Grundsätzen der kameralistischen Buchführung organisiert. Er hat also den Nachweis zu führen, daß die im Reichshaushalt für die Ausführung der Staatsgeschäfte vorgesehenen Mittel nach den Vorschriften dieses Gesetzes vereinnahmt und verausgabt worden sind. (Eine Ausnahme macht die Deutsche Reichspost, die nach einem gemischten System Rechnung stellt.)

Das gesamte Reichskassenwesen wird beherrscht durch das Prinzip der behördlichen Kasseneinheit, also von dem Grundsatz, die gesamten Einnahmen und Ausgaben des Reichshaushalts zum mindesten rechnungsmäßig in einer zentralen Kasse zusammenzuführen und zu überwachen. Bei dieser zentralen Kasse laufen demnach alle Überschüsse, die bei den nachgeordneten Kassen aufkommen, zusammen, so daß es von hier aus möglich ist, die Verfügung über die gesamten vorhandenen Reichsmittel zu treffen. In der Reichsverwaltung ist die Spitze der reichsfiskalischen Kasseneinheit die Reichshauptkasse. Sie ist nach ihrer Loslösung von der Reichsbank das zentrale Kassenorgan des Reichsfinanzministers und damit auch die tatsächliche Spitze der fiskalischen Kasseneinheit geworden. Wie in allen sonstigen behördlichen Kassengebilden ist zwar auch hier das Prinzip der fiskalischen Kasseneinheit gewahrt, jedoch ist es durch die Verwaltung einer Reihe von Zweckfonds, durch das Bestehen von Nebenetats für Post und Reichsbahn (als sie noch ein unmittelbarer Reichsbetrieb war) und durch eine Reihe von Nebenaufgaben, die die Reichskassen für staatliche und kommunale Behörden und sonstige öffentliche Körperschaften auszuführen haben, vielfach durchbrochen. Es fallen demnach nicht alle Einnahmen und Ausgaben, die die reichsbehördlichen Kassen zu leisten haben, unter die Verfügungsgewalt des Reichsfinanzministers.

Betrachten wir nunmehr die Organisation des Kassenapparates der Reichsverwaltung, so herrscht in ihm eine mannigfaltige Arbeitsteilung. Diese Mannigfaltigkeit hat eine Reihe von Kassentypen geschaffen, die je nach den Aufgaben, die sie innerhalb der einzelnen Verwaltungszweige zu leisten haben, sich in besonderen Richtungen ausgebildet haben. Es lassen sich folgende Kassenarten unterscheiden:

1. die Zentralkasse des Reiches (Reichshauptkasse),
2. die Kassen der obersten Reichsbehörden
   a) ohne nachgeordnete Kassen,
   b) mit nachgeordneten Kassen,
3. die Kassen der den Reichsministerien unmittelbar nachgeordneten Reichsbehörden
   a) ohne nachgeordnete Kassen,
   b) mit nachgeordneten Kassen (sogenannte Oberkassen),
4. die Lokalkassen,
5. die Hilfskassen,
6. die Bürokassen,
7. die Zahlstellen und Annahmestellen,
8. die Kassen mit kaufmännischer Buchführung.

Das Wesen dieser einzelnen Kassenarten besteht in folgendem:

1. Die Reichshauptkasse.

Die Reichshauptkasse ist die Zentralkasse der Reichsverwaltung. Sie verwaltet die Geldbestände des Reiches, sammelt die Einnahmeüberschüsse der reichsbehördlichen Kassen, leistet auf Anweisung der zuständigen Verwaltungsstellen nach Maßgabe der Haushaltsbewilligungen Zahlungen oder versorgt zur Zahlungsleistung die reichsbehördlichen Kassen mit Betriebsmitteln und vermittelt schließlich in gewissem Umfange durch Buchausgleich den Zahlungsverkehr zwischen einer Reihe von behördlichen Kassenstellen. Sie überwacht die Abwickelung der Reichshaushaltsbewilligungen und legt über den gesamten Reichshaushalt Rechnung. Daneben versieht die Reichshauptkasse für den größten Teil der obersten Reichsbehörden die gesamten Kassengeschäfte und bedient sich zur Ausführung örtlicher Zahlungsgeschäfte bei einzelnen Reichsverwaltungsstellen sogenannter Bürokassen. Nachdem die Reichshauptkasse auf Grund des Bankgesetzes vom 30. 8. 1924 (RGBl. II S. 235) durch Beschluß der Reichsregierung (Reichsbesoldungsblatt Nr. 50 vom 15. 9. 1924) aus der Verwaltung der Reichsbank ausgeschieden und dem Reichsfinanzminister unterstellt wurde, ist sie damit zur tatsächlichen Spitzenkasse der gesamten Reichskassenverwaltung geworden.

2. Die Kassen der obersten Reichsbehörde.

Soweit die obersten Reichsbehörden ihre Kassengeschäfte nicht der Reichshauptkasse übertragen haben und für den Bürobedarf nicht lediglich sog. Bürokassen unterhalten, sind bei ihnen zwei Arten von Kassen üblich:

a) Kassen ohne nachgeordnete Kassen und

b) Kassen mit nachgeordneten Kassen.

Beides sind Kassen, die lediglich über die nach Maßgabe des Haushalts zugewiesenen Mittel selbständig Rechnung legen. Sie werden mit Betriebsmitteln unmittelbar von der Reichshauptkasse versorgt und rechnen die Vorschüsse unter Vorlage ihrer Monats- und Jahresrechnungen ab. Im übrigen sind diese Kassen selbständig. Zu den Kassen ohne nachgeordnete Kassen gehören die des Reichspräsidenten, des Reichstags, des Reichsgerichts, des Reichsfinanzhofs, des Rechnungshofs des Deutschen Reiches.

Die Kasse der obersten Reichsbehörden mit nachgeordneten Kassen bildet innerhalb des eigenen Ressortbereichs die Spitze eines in mehrere Einzelkassen zerlegten Apparates. Die ihr nachgeordneten Kassen sind in der Hauptsache Auftragskassen oder solche Kassen, die nur insofern eine gewisse Selbständigkeit besitzen, als sie den größten Teil der Rechnungslegung vorbereiten, dennoch aber als rechnungslegende Kassen nicht anzusehen sind. Diese als Spitzenkasse zu bezeichnende Kasse des Ressorts hat also für den gesamten Verwaltungszweig die zentrale Rechnungslegung auszuführen, und demzufolge auch alle ihr nachgeordneten Kassen mit Betriebsmitteln auszurüsten. Gegenüber der Zentralkasse der Reichsverwaltung, also der Reichshauptkasse, rechnet sie lediglich summarisch ab, indem sie der Reichshauptkasse die Endergebnisse ihrer Monats- und Jahresabrechnungen zur Buchung auf die Reichshaushaltsrechnung mitteilt und die aus der Reichshauptkasse entnommenen Betriebsmittel damit abrechnet. Solche Ressortkassen sind die Legationskassen, die Reichsarbeitskasse, die Hauptkasse des Reichsverkehrsministeriums.

3. Kassen der den Reichsministerien unmittelbar nachgeordneten Behörden.

a) Ohne nachgeordnete Kassen. Diese sind durchweg selbständige Kassen, die die Einnahmen und Ausgaben nach Maßgabe der für sie besonders festgesetzten Haushaltsmittel verwalten und über die Einnahmen und Ausgaben selbständig Rechnung legen. Die Kassen haben weder einen Unterbau, d. h. Auftragskassen, die im Auftrage der Spitzenkasse Zahlungen zu verrichten haben, noch sind sie einer höher geordneten Kasse angegliedert. Zu Kassen dieser Art gehören z. B. die Kassen des Reichspatentamtes, Reichsentschädigungsamtes, Reichsausgleichsamtes, Reichsmonopolamtes, der Seewarte, des Reichswasserschutzes, der Neckarbaudirektion.

b) Mit nachgeordneten Kassen. Diese auch Oberkassen genannten Kassen besitzen einen mehr oder weniger ausgedehnten Unterbau; sie sind selbständig rechnungslegende Kassen, d. h. sie führen den rechnungsmäßigen Nachweis über die Einnahmen und Ausgaben des gesamten von ihnen verwalteten Kassenapparates. Einer höher geordneten Kasse unterstehen sie nicht. Die Reichshauptkasse als Spitze der fiskalischen Kasseneinheit empfängt lediglich die Monats- und Jahresrechnungen zur Buchung auf die Reichshaushaltsrechnung: solche Kassen sind die Oberfinanzkassen für die Zoll- und Steuerverwaltung.

4. Die Lokalkassen.

Die Lokalkassen sind in der Hauptsache Auftragskassen ihrer vorgesetzten Kasse, nämlich der Oberkassen, der Reichsarbeitskasse, der Legationskasse, der Hauptkasse der Reichswehrmacht. Die Lokalkassen haben den Verkehr mit dem Publikum auszuführen, also den Verkehr mit den Zahlungspflichtigen bzw. Zahlungsempfängern zu vermitteln. In diese Kategorie gehören die meisten und zahlreichsten Kasseneinrichtungen der Reichsverwaltung. Es sind ihnen zuzurechnen zunächst die Gesamtzahl der Finanzkassen, der Zollkassen, der Versorgungskassen, die Kassen der Heeresverwaltung, und zwar die Kassen der Unterkunftsämter, Standortlazarette, die Kassen der Rechnungs- und Wirtschaftsämter (die Truppenkassen), in der Marineverwaltung die Standortskassen in Kiel und Wilhelmshaven und andere mehr.

Auch die Lokalkassen sind zuweilen nicht in der Lage, den ihnen obliegenden Zahlungsverkehr örtlich auszuführen, vielmehr bedarf es auch bei ihnen der Einrichtung von Hilfsorganen. Zu diesen Hilfsorganen gehören die Hilfskassen, Zahlstellen und Annahmestellen.

5. Die Hilfskassen.

Die Hilfskassen, in manchen Verwaltungen auch Tochterkassen genannt, sind Kassen von geringem Geschäftsumfang; sie leisten Einnahmen und Ausgaben im Auftrage der Lokalkasse, haben täglich ihre Einnahmen an diese abzuführen, so daß sie mit besonderen

Kasseneinrichtungen nicht versehen sind. Dennoch müssen sie in gewissem Grade als Kassen gelten, da sie auch örtlich als ständige Einrichtung und gegenüber den Zahlungspflichtigen bzw. Zahlungsempfängern als Lokalkasse auftreten.

6. Lokale Bürokassen.

Diese sind den Hilfskassen gleichzustellen; sie verwalten zur Bestreitung der kleinen Geschäftsbedürfnisse der Dienststelle einen gering bemessenen Handvorschuß, der der nächstgelegenen Kassenstelle (Lokalkasse, Oberkasse oder Reichshauptkasse) entnommen wird, und der durch Rückgabe der geldwerten Belege, Quittungen usw. abgerechnet wird. Zu dieser Kassenart gehören alle Bürokassen der obersten Reichsbehörden und deren nachgeordneten Dienststellen.

7. Zahlstellen und Annahmestellen.

Diese Einrichtungen sind vornehmlich als Notbehelfe anzusehen. Es sind im allgemeinen keine Dienststellen, vielmehr muß die Tätigkeit dieser Stellen wie zumeist die der Steuer-Hilfskassen in den Landbezirken als eine nebenamtliche angesehen werden, die eine andere Verwaltungsstelle, sei es ein Büro oder eine Privatkasse, im Auftrage der Lokalkasse ausführt.

8. Kassen mit kaufmännischer Buchführung.

Abseits von den vorstehend beschriebenen Kassentypen stehen die in gewissen reichseigenen Wirtschaftsbetrieben nach kaufmännischen Grundsätzen geführten Kassen; sie haben mit der Reichskassenorganisation der eigentlichen Hoheitsverwaltung keinen hier zu erörternden Zusammenhang und bleiben deshalb außer Betracht. Zu Kassen dieser Art gehören die Kasse der Reichsdruckerei und die Kasse der Verwertungsstelle des Monopolamts für Branntwein u. a.

Die im vorstehenden kurz gekennzeichneten Kassentypen können auch in einer anderen Unterscheidung zusammengefaßt werden, nämlich lediglich nach der Form ihres Zahlungsverkehrs. So lassen sich die behördlichen Kassen einteilen

1. in Kassen mit reinem Barzahlungsverkehr, die einen unmittelbaren persönlichen Zahlungsverkehr mit den Zahlungspflichtigen bzw. Zahlungsempfängern aus der Art ihrer Geschäftserledigung heraus zu pflegen haben (Kassen für die Vereinnahmung der Schiffahrtsabgaben),

2. in bargeldlose Kassen, das sind solche Kassen, die ihren gesamten Zahlungsverkehr ausschließlich auf bargeldlosem Wege führen, die also überhaupt keine kassentechnischen Einrichtungen

zur Annahme von Bargeldern bzw. zur Zahlung solcher besitzen. Solche bargeldlosen Kassen werden meist als Rechnungsbüro oder Rechnungsstelle bezeichnet, um auch äußerlich ihren bargeldlosen Charakter zu kennzeichnen. Diese Kassenform ist jedoch erst wenig ausgebildet. Rein bargeldlose Kassen bestehen, von der Reichshauptkasse abgesehen, zur Zeit in der Reichshoheitsverwaltung noch nicht. (Bargeldlos sind die Rechnungsbüros der bayerischen Reichsbahndirektion und der bayerischen Oberpostdirektion sowie die Generalpostkasse),

3. in Kassen mit gemischtem Zahlungsverkehr, das sind solche Kassen, die sowohl bare als auch bargeldlose Zahlungsformen zulassen. In der Reichsverwaltung herrschen die Kassen mit gemischtem Zahlungsverkehr vor.

Weiterhin besteht eine Kennzeichnung der behördlichen Kassen nach ihrer Tätigkeit in bezug auf die Ausführung des Haushalts. Danach unterscheidet man Einnahmekassen und Ausgabekassen oder Überschußkassen und Zuschußkassen. Erstere haben vornehmlich eine Einziehungstätigkeit auszuüben (Finanzkassen, Zollkassen u. a.). Bei letzteren überwiegen die Ausgaben (z. B. Heereskassen).

Schließlich ist noch eine besondere Kassenart, die sog. Einheitskasse, zu nennen, die als eine Gemeinschaftskasse die Kassengeschäfte für einen Teil oder für sämtliche örtlich vorhandenen Verwaltungsstellen ausführt; bei ihr lassen sich zwei Formen unterscheiden:

1. die ressortmäßige Einheitskasse, die örtlich alle Kassengeschäfte der Dienststellen ein- und desselben Verwaltungszweiges umfaßt,

2. die interressortmäßige Einheitskasse, die die Kassengeschäfte aller Reichsverwaltungsstellen ohne Ausnahme gemeinschaftlich bearbeitet. Ressortmäßige Einheitskassen sind z. B. die Stationskassen in Wilhelmshaven, Kiel und Cuxhaven.

Als interressortmäßige Kassen können in gewissem Grade die ehemaligen Rentamtskassen und jetzigen Finanzkassen und Kreiskassen in Bayern angesehen werden, welche die Kassengeschäfte verschiedener Verwaltungszweige des Reichs und des Landes besorgen und diesen Verwaltungen je besondere Rechnungen legen. Im allgemeinen werden die Einheitskassen auch Rechnung legen. Soweit sie jedoch davon entbunden sind (wie z. B. die Stationskassen in Wilhelmshaven, Kiel und Cuxhaven), bezeichnet man sie auch als „Sammelkassen“.

Die vorstehend dargestellten Kassentypen finden sich in der Reichsverwaltung in mannigfaltiger Anwendung vor; ihr Aufbau in der Reichskassenorganisation ist nachstehend bildlich dargestellt.

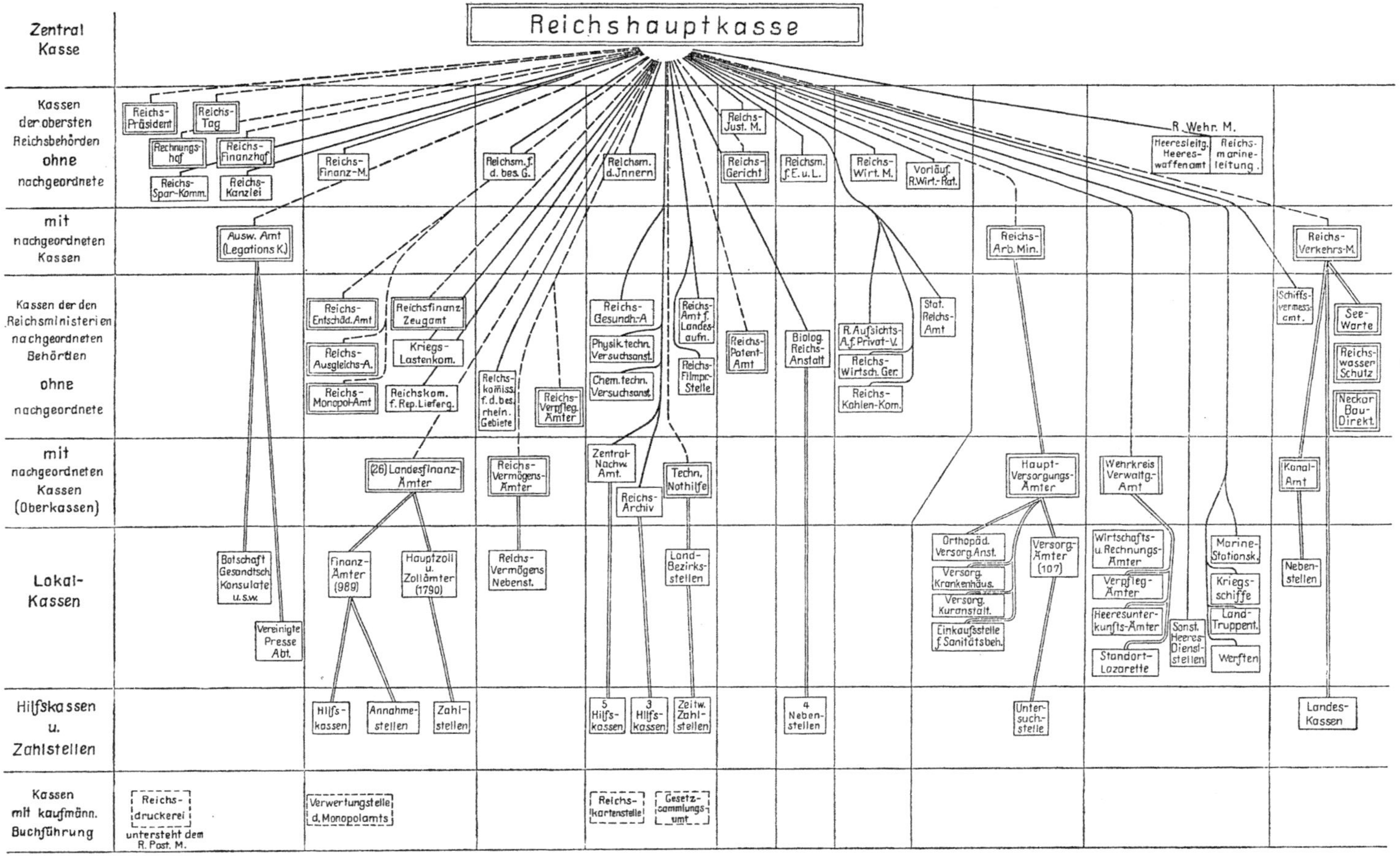

Abb. 1. Aufbau der reichsbehördlichen Kassen.

Kassen, die selbständig Rechnung legen.

Rechnungsbureau, das die Rechnungslegung für die Reichshauptkasse vorbereitet.

Kassen, deren Rechnungslegung die Reichshauptkasse besorgt.

Nichtselbständige Kassen, die einer Oberkasse angegliedert sind.

Kassen, die nicht der Reichskassenorganisation angegliedert sind (Kassen mit kaufmännischer Buchführung).

II. Die Grundzüge des behördlichen Zahlungsverkehrs.

a) Allgemeine Zahlungsgrundsätze.

Nach den meisten landesgesetzlichen Vorschriften waren Zahlungen im Verkehr mit öffentlichen Verwaltungsstellen an deren Kassenschaltern zu leisten bzw. in Empfang zu nehmen. Die Reichskassenverwaltung braucht sich zwar an diese gesetzlichen Landesbestimmungen nicht mehr zu halten; dennoch kehren diese Bestimmungen in der Reichsabgabenordnung und in den Kassenvorschriften der Reichsbehörden wieder und geben der Geschäftsabwicklung nicht immer die gewünschte Beweglichkeit.

Allgemein gilt, daß alle Zahlungen bei der zuständigen Kasse zu leisten sind, und, sofern solche auf andere Art als durch Barzahlung an der Amtsstelle erfolgen, der Einzahler die Kosten zu tragen hat. Hinsichtlich der Zahlung der Steuern hat die Reichsabgabenordnung vom 13. 12. 1919 (RGBl. S. 1993) (im § 102) eine besondere Regelung getroffen. Danach können Zahlungen, sofern nichts anderes vorgeschrieben ist oder im Einzelfall Barzahlung verlangt wird, auf ein Postscheckkonto oder Bankkonto der Finanzkasse überwiesen werden. Dem Reichsfinanzminister ist es jedoch überlassen, Scheckzahlungen in dem Umfange zuzulassen, wie er es jeweils im Interesse der Finanzverwaltung für zweckmäßig hält.

Die Kosten, die dem Zahlungspflichtigen lediglich durch die bargeldlose Überweisung seiner Steuerschuld entstehen, können von ihm nicht nachgefordert oder angerechnet werden. Barzahlungen an Steuerbehörden sind an der zuständigen Kasse zu leisten oder ihr durch die Post zu übersenden. Barzahlungen der Steuerbehörde sind an der Kasse der Behörde oder an einer anderen bezeichneten Stelle in Empfang zu nehmen. Durch den Spielraum, der dem Finanzminister bei der Wahl oder Abänderung der Zahlungsformen vorbehalten ist, vermag er nach außen hin stark auf die Zahlungsgewohnheiten einzuwirken. Die behördlichen Kassen anderseits sind dafür verantwortlich, daß die Zahlungen an den tatsächlich Empfangsberechtigten geleistet werden. Dieser erhält in der Regel die Zahlung ohne weiteren Nachweis gegen seine gültige Quittung. Bei gewissen persönlichen Zahlungen (Renten, Pensionen usw.) muß bei der Zahlung amtlich festgestellt sein, daß der Empfänger noch lebt. Bei Zahlung an bevollmächtigte Vertreter ist, wenn eine öffentlich bekundete Vollmacht nicht vorliegt, stets die beglaubigte Unterschrift zu verlangen. Die Quittungen Schreibunkundiger und Blinder sind je nach Vorschrift von einem oder zwei Zeugen zu bescheinigen.

Von dem dem Reiche gegenüber im Verzuge befindlichen Schuldner werden in allen Fällen, in denen keine besonderen vertraglichen Abmachungen bestehen, Verzugszinsen in Höhe des jeweiligen Reichsbankdiskonts gefordert (Erlaß des Reichsfinanzministers vom 30. 4. 1924 III A 5978, A. f. d. F. V. S. 49). Bei vertraglichen Abmachungen sind Verzugszinsen in Höhe des jeweiligen Reichsbankdiskonts mit einem Aufschlag von 2 % auszubedingen.

Hinsichtlich der Versäumnis bei Steuerzahlungen gilt die auf Grund des § 104 der Reichsabgabenordnung erlassene Steuerzinsverordnung vom 6. 3. 1924 (RGBl. I S. 170) nebst Abänderungsverordnungen und Art. XVIII § 1 der zweiten Steuernotverordnung vom 19. 12. 1923. Nach diesen Verordnungen ist es Sache der Reichskassenstellen, die Zinsen bzw. die Verzugszuschläge selbst zu berechnen und einzuziehen. Nur solche Zinsfälligkeiten, die aus den Zahlungsversäumnissen der privaten Geldinstitute, also nicht im Verkehr mit dem Publikum entstehen, werden den Reichskassen zur Einziehung besonders angewiesen.

Der Zahlungstag, also der Tag, an welchem die Zahlung ausgeführt wird, und die Zahlungsverpflichtung somit als erfüllt gilt, war besonders in der Zeit des Währungsverfalls von Bedeutung für die Reichsbehörden. Gerade weil die Zahlungsformen, deren sich die Reichskassen bedienten, in ihrer Wirkung auf die beschleunigte Konzentration der Reichsgelder in der Reichshauptkasse verschieden waren, mußte durch die Festsetzung des Zahlungstages bei den einzelnen Zahlungs- und Übertragungsformen darauf gesehen werden, daß der Fiskus besonders bei den bargeldlosen Zahlungen nicht allzu große Zinsverluste dadurch erlitt, daß der Zeitraum vom Augenblick der Annahme des bargeldlosen Zahlungsmittels bis zur tatsächlichen Verfügung über dessen Gegenwert durch allzu frühzeitige Anerkennung der Zahlungserfüllung verlängert wurde. Trotzdem war bei bestimmten Einnahmen, so z. B. bei den Steuerzahlungen, eine einheitliche, lediglich zum Vorteil des Fiskus zu treffende Regelung nicht möglich, zumal da die Finanzverwaltung zur Förderung des bargeldlosen und bargeldersparenden Zahlungsverkehrs gewisse Zahlungsformen begünstigen mußte und dies nur durch Entgegenkommen in der Festsetzung der Zahlungstage erreichen konnte. In der Reichsfinanzverwaltung gilt als Zahlungstag:

a) bei Überweisung auf das Postscheckkonto und bei Postschecken der Tag, der in dem Tagesstempelabdruck des Postscheckamts angegeben ist,

b) bei Entrichtung der Steuer mit Postanweisung und Zahlkarte der Tag, an dem der Betrag bei der Post eingezahlt wird,

c) bei Abgabe von Postschecküberweisungsaufträgen, Postschecken oder Bankschecken bei dem Finanzamt (Finanzkasse) der Tag der Abgabe bei der Kasse; werden die Postschecküberweisungsaufträge oder Schecke nicht eingelöst, so gilt die Zahlung als nicht geleistet,

d) bei Banküberweisungen der Tag, an dem der Betrag dem Konto des Finanzamts (Finanzkasse) gutgeschrieben wird.

Die Regelung zeigt eine weitgehende Begünstigung der Zahlungspflichtigen, denen die Zahlungsleistung zum größten Teil durch eine vorzeitige Anerkennung der Zahlungserfüllung erleichtert wird. Indessen ist die Finanzverwaltung zu dieser für den Einzahler günstigen Regelung nur durch die besondere Art ihrer Zahlungsforderungen, nämlich der Steuern, genötigt, die nur dann ersprießlich fließen, wenn dem Steuerzahler das denkbar größte Entgegenkommen gezeigt wird.

In den anderen Reichskassen werden die Zahlungen hinsichtlich ihrer Wertstellung im allgemeinen so behandelt, wie es auch sonst im privaten Zahlungsverkehr üblich ist.

b) Die Zahlungsformen.

Die Formen, in denen sich der behördliche Zahlungsverkehr abspielt, sind zunächst bedingt durch die Eigenart der Aufgaben, die dem betreffenden Reichsverwaltungszweig obliegen. Es ist hierbei wesentlich, ob es sich um einen vorwiegenden Auszahlungs- oder einen vorwiegenden Einnahmedienst handelt, ob die Zahlungspflichtigen und Zahlungsempfänger vorwiegend Bedienstete der eigenen Verwaltung oder ob es Private sind. Weiterhin ist für die Form des behördlichen Zahlungsverkehrs maßgebend, in welchem Grade das zur Verfügung stehende Kassenpersonal vorgebildet ist, ob es befähigt ist, die im Bankverkehr herausgebildeten Zahlungsformen auch im behördlichen Zahlungsverkehr anzuwenden, ob es die zweckmäßigste und kürzeste Zahlungsweise richtig zu erkennen in der Lage ist und welche Stellung es gegenüber den örtlichen Zahlungsgewohnheiten einnimmt.

Im Laufe der Entwicklung haben sich im behördlichen Zahlungsverkehr folgende Zahlungsformen herausgebildet:

1. die Barzahlung an den behördlichen Kassenschaltern mit Bargeld und Barscheck,
2. Zahlung mit bargeldersparenden Zahlungsmitteln (Zahlkarte, Postanweisung),
3. die bargeldlose Zahlung durch Überweisung, Verrechnungsschecke,
4. die Zahlung durch Aufrechnung und im Abrechnungsverkehr (durch Buchausgleich).

1. Der Barzahlungsverkehr.

Zur Vermittlung des behördlichen Barzahlungsverkehrs dienen grundsätzlich nur die gesetzlichen Zahlungsmittel, nachdem durch das Bankgesetz vom 30. 8. 1924 (RGBl. II S. 235) und durch das Münzgesetz vom 30. 8. 1924 (RGBl. II S. 254) die Währungsverhältnisse nunmehr einheitlich im ganzen Reiche geregelt worden sind. Die Abwicklung des Bargeldverkehrs ist daher an die gleichen auch bei den andern Geldinstituten üblichen Formen gebunden.

2. Der bargeldlose Zahlungsverkehr.

Allgemeines. Neben den Barzahlungen, die im behördlichen Zahlungsverkehr noch immer einen verhältnismäßig großen Raum einnehmen, gewinnt die bargeldlose Zahlungsform allmählich immer mehr an Bedeutung; sie bedingt den Anschluß der behördlichen Kassen an Geldvermittlungsstellen, Banken, Girostellen usw.

Im allgemeinen ist es den Reichsbehörden überlassen, in welchem Ausmaße sie ihre Kassen an geeignete Bankinstitute anschließen wollen. Da sie die Aufgaben haben, die Reichseinnahmen schnellstens an die Reichshauptkasse abzuführen, den bargeldlosen Zahlungsverkehr zu fördern, den Abgabepflichtigen die Entrichtung der Steuern so bequem wie möglich zu machen, die Bestände zu sichern usw., werden sie bestrebt sein, den Anschluß an private und öffentliche Geldinstitute zu verallgemeinern.

Nach § 102 der Reichsabgabenordnung vom 13. 12. 1919 (RGBl. S. 1993) müssen alle Finanzämter ein Postscheckkonto oder ein Bankkonto führen (§ 8 FKA, ergänzt durch den Erlaß des Reichsfinanzministers vom 17. 10. 1920 A. Bl. d. RFV S. 431). Danach kommen für die Kassen der Reichsfinanzverwaltung zwecks Anschlusses an den Giroverkehr öffentlicher Geldanstalten folgende Banken in Betracht:

a) die Reichsbank,

b) die Staatsbanken der Länder,

c) die öffentlichen, der Staatsaufsicht unterliegenden Sparkassen, Gemeinde-Girokassen und deren Girozentralen, die einem Revisionsverband angehörenden Genossenschaftskassen und deren Zentralen (§§ 55—57 des Gesetzes betreffend die Erwerbs- und Wirtschaftsgenossenschaften [RGBl. 1898 S. 810]).

Zur Ausführung sonstiger bankmäßiger Geschäfte können sich die Staatskassen je nach den örtlichen Verhältnissen und der Zweckmäßigkeit auch der Privatbanken bedienen. Bei der Auswahl der Bankverbindungen ist ausschließlich das Interesse des Reiches maßgebend. Die Abführung der Überschüsse, also der Weg des Geldes zur Zentralkasse, muß in ungebrochener Linie möglich bleiben. Die

Banken müssen Glieder von Überweisungsnetzen sein, die in der Lage sind, die Geldbewegung zwischen den Reichsdienststellen schnellstens auszuführen, oder sie müssen an eine Reichsbankstelle angeschlossen sein. Natürlich wird bei der Auswahl der Bankanstalten auch berücksichtigt werden müssen, ob diese Banken die für die Ausführung der Kassengeschäfte für die Reichskassen genügende Sicherheit und Zuverlässigkeit besitzen.

Um jedoch eine Verzettelung der Bestände nach Möglichkeit zu vermeiden, soll die Anzahl der Anschlüsse, die eine jede behördliche Kasse benutzt, auf das geringste beschränkt werden. Alle, am Reichsbankplatze befindlichen Finanzkassen und Zollkassen haben zunächst ein Reichsbankkonto zu führen, andernfalls ist Anschluß an eine andere, am Orte befindliche Geldanstalt zu nehmen. Soweit es notwendig erscheint, werden auch die örtlichen Zahlungssitten berücksichtigt, so daß noch weitere Konten bei Sparkassen und Kreditgenossenschaften geführt werden können. Auf den Konten sind keine Bestände anzusammeln; soweit es möglich ist, werden aus diesem Grunde Vereinbarungen dahin getroffen, daß nur ein bestimmter Mindestbestand auf dem Konto zu halten ist, und daß alle Überbestände ohne besonderen Auftrag auf die Konten der zentralen Kassen (Oberfinanzkassen oder Reichshauptkasse) abzuführen sind.

Im Reichskassendienst werden die Banken, wie überhaupt die privaten Geldanstalten, durchweg als Hilfsorgane für den behördlichen Zahlungsverkehr benutzt. Die Banken in weiterem Umfange dem behördlichen Zahlungsdienst nutzbar zu machen, ähnlich wie es im englischen und belgischen Staatskassendienst der Fall ist, wurde in Deutschland bisher nur bei einigen bayerischen Landeskassen und den Rechnungsbüros der bayerischen Reichsbahndirektionen mit gutem Erfolg versucht.

Der bargeldlose Zahlungsverkehr hat zwei Hauptformen, die auch für den reichsbehördlichen Zahlungsverkehr von verschiedener Bedeutung sind. Je nachdem, ob während der Wertübertragung auch Bargeld bei einem der Übertragungsvorgänge verwendet wird, unterscheidet man unvollständige und vollständige bargeldlose Zahlungsformen oder nach Schmidt[1]) den bargeldersparenden und den bargeldlosen Zahlungsverkehr.

Der bargeldersparende Zahlungsverkehr. Diesem gehören die Kassaschecke, Postanweisungen, Zahlkarten, Postauszahlungsschecke an. Im behördlichen Zahlungsverkehr werden diese Zahlungsmittel in weitem Umfange benutzt, weil sie geeignet sind, den

[1]) Schmidt: Der nationale Zahlungsverkehr, 2. Aufl., S. 47. Leipzig 1920.

Hauptfunktionen des lokalen Kassenbetriebes, nämlich der Ausführung des Kleinzahlungsverkehrs, zu dienen; sie sind überall da angebracht, wo der Zahlungspflichtige oder Zahlungsempfänger kein Bankkonto besitzt und infolgedessen keine Überweisungen ausführen oder empfangen kann; sie werden also in erster Linie von denjenigen Kassen benutzt, die solchen Zahlungspflichtigen gegenüberstehen, denen nur möglich ist, ihre Zahlungen in bar zu entrichten oder die ihre Zahlungen in bar an den Empfänger bringen müssen. Dies ist bei einem großen Teil der Steuerzahlungen, Gehaltszahlungen und im allgemeinen bei allen Lohnzahlungen der Fall.

Der Barscheck oder Kassascheck, der den Inhaber berechtigt, den genannten Betrag in bar abzuheben, ist im behördlichen Kassenverkehr nicht häufig, da die an Zahlungs Statt oder zahlungshalber gegebenen Schecke nicht bar erhoben, sondern im Bankabrechnungsverkehr den behördlichen Kassen bargeldlos gutgebracht werden. Die Fälle, in denen behördlicherseits tatsächlich ein barer Gegenwert gegen Kassaschecks ausgetauscht wird, sind gegeben:

1. bei Barabhebungen von der Reichsbank auf Grund weißer Reichsbankschecke,

2. bei der Auszahlung sogenannter Beamtenschecke, das sind Schecke derjenigen Beamten, die ein Postscheckkonto besitzen oder bei gemeinnützigen Beamtenbanken oder Beamtenvereinigungen, vereinzelt auch bei Privatbanken, Sparkassen usw. Konten halten und denen gestattet ist, zur Vermeidung von Dienstversäumnis Abhebung durch Honorierung ihrer Schecks bei ihren Amtskassen zu bewirken. Die Amtskasse läßt sich die verauslagten Gelder von der bezogenen Bank alsdann erstatten;

3. bei der Aushändigung von behördlichen Schecken an Private an Zahlungs Statt. Solche Zahlungen kommen im allgemeinen nur selten vor und sind auch nur dann am Platze, wenn die behördliche Kasse kein Bargeld zur Verfügung hat, der Zahlungsempfänger aber dringend Bargeld benötigt. Er wird auf Grund des ihm ausgehändigten Schecks selbst die Barabhebung beim Scheckamt oder der Bank bewirken;

4. Zahlung auf Grund sogenannter Auszahlungsschecke im Postscheckverkehr.

Diese Form wird meist zur Auszahlung von Pensionen, Renten Gehältern usw. benutzt und wird von den Kassen der Versorgungs ämter bevorzugt.

Die Zahlung auf Zahlkarte und Postanweisung kommt als Aus zahlungsweg für die behördlichen Kassen nicht in Frage, da Aus zahlungen an Inhaber von Postscheckkonten im Postgiroverk und sonstige Auszahlungen durch Auszahlungsscheck erle werden. Wohl aber sind Zahlkarten und Postanweisungen als Empfangszahlungsform üblich. Die Reichsfinanzverwaltung hat stets eine lebhafte Propaganda entfaltet, um das Publikum an die Benutzung von Zahlkarten zu gewöhnen, damit die Finanzkassen von direkten Barzahlungen möglichst entlastet werden.

Die Zahlungen mittels Postanweisungen haben für die behördlichen Kassen keine Bedeutung. Es ist mit den Postanstalten meistens die Vereinbarung dahin getroffen, daß die Auszahlung auf Grund von Postanweisungen automatisch den Postscheckkonten der Empfangskassen zugeführt werden.

Der vollständig bargeldlose Zahlungsverkehr. Von großer Bedeutung ist nun die Verwendung der vollständig bargeldlosen Zahlungsmittel, der Verrechnungsschecke und der Überweisungen (Wechsel sind im behördlichen Zahlungsverkehr ausgeschlossen). Abgesehen von den vorstehend genannten Kassaschecken, die nur geringe Bedeutung haben, ist die Annahme von Schecken bei den behördlichen Kassen eingehend in den Kassenanweisungen geregelt. Für die Kassen der Finanzverwaltung, für die die Schecke die weitaus größte Bedeutung haben, sind die Anweisungen im Anhang I zur Finanzkassenordnung und neu durch den Erlaß des Reichsfinanzministers vom 28. 4. 1923 III A 12075 II p. 9835 geregelt worden. Nach diesen Anweisungen, die im allgemeinen auch maßgebend sind für die übrigen Reichskassenverwaltungen, werden nur solche Schecke angenommen, die auf eine der in § 2 des Scheckgesetzes bezeichneten Anstalten, Genossenschaften, Sparkassen oder Firmen gezogen sind, den Bestimmungen für den Geschäftsverkehr mit der Reichsbank und deren Abrechnungsstellen entsprechen und kein späteres Datum tragen als den Tag des Eingangs bei der Kasse.

Der behördliche Zahlungsverkehr unterscheidet

1. Schecke der öffentlichen Behörden,

2. Schecke, die auf die Reichsbank gezogen und von dieser bestätigt sind (Bek. des Rzl. vom 31. 8. 1916, RGBl. S. 985),

3. gesicherte Schecke, deren Einlösung durch Sicherheitsstellung seitens des Ausstellers gewährleistet ist,

4. begünstigte Schecke, deren Zulassung auf Antrag solcher inländischer Gewerbe- und Handeltreibender erfolgt, die regelmäßig Abgaben an die Finanzverwaltung zu entrichten haben, und deren Zuverlässigkeit und Vertrauenswürdigkeit hinreichend geprüft ist,

5. sonstige Schecke.

Sämtliche vorbenannten Scheckarten werden wie Bargeld in Zahlung genommen, d. h. die Zahlung gilt bei der Entgegennahme der Schecke bei den Kassen der Finanzverwaltung als rechtsgültig erfüllt. Nur wenn der Scheck nicht eingelöst wird, gilt die Zahlung als nicht geschehen. Sofern bei den unter 5. genannten sonstigen Schecken, die zunächst keine Sicherheit und Gewähr für ihre Einlösungsfähigkeit bieten, Gegenleistungen der Verwaltung, z. B. Freigabe von Waren, Aushändigung von Wertzeichen usw., verlangt werden, sind diese Gegenleistungen so lange zurückzuhalten, bis der Scheck tatsächlich eingelöst ist. Trotzdem gilt die Zahlung auch in diesem Fall rückwirkend am Tage der Einlieferung des Schecks bei der Kasse als erfüllt. In allen diesen Zahlungsfällen wird die Einnahme sogleich endgültig gebucht.

Die so der Kasse zugeflossenen Schecke werden entweder bei der zuständigen Reichsbankanstalt oder bei sonstigen, zur Einlösung bereiten Geldanstalten oder bei den Bezogenen selbst durch Gutschrift auf das Konto der Kasse überschrieben.

Welche Einlösungsform für die Verrechnungsschecke die zweckmäßigste ist, richtet sich nach den örtlichen Verhältnissen und ist der richtigen Erkenntnis der Kasse überlassen. Im allgemeinen wird eine Bareinlösung kaum vorkommen. Die Kassen sind vielmehr angewiesen, alle Schecke, soweit es nicht schon geschehen ist, sofort zu kreuzen, also mit dem Vermerk: „Nur zur Verrechnung" zu versehen. In Berlin ist die Einlösung aller in den Kassen der Finanzverwaltung aufkommenden Schecke einer Privatbank übertragen, die den Gegenwert der ihr täglich von den einzelnen Empfangskassen übergebenen Schecke unmittelbar dem Konto der zuständigen Oberfinanzkasse gutschreibt.

Da im Auszahlungsverkehr die Überweisung (Banküberweisung und Postschecküberweisung) die zweckmäßigste Zahlungsform ist, wird sie von den behördlichen Kassen grundsätzlich allgemein angewandt, jedoch müssen auch andere vom Zahlungsempfänger gewünschte Zahlungsformen berücksichtigt werden. Der Empfänger kann also, sofern er ein Bank- oder Postscheckkonto besitzt, nicht gezwungen werden, die behördliche Zahlung ausschließlich im Überweisungswege zu empfangen.

3. Die Zahlung durch Abrechnung (Buchausgleich) oder Aufrechnung.

Die Zahlung durch Abrechnung oder Aufrechnung ist im behördlichen Zahlungsverkehr nur wenig ausgebildet. Bei Zahlungen dieser Art ist zu unterscheiden zwischen einem internen und einem externen Abrechnungsverkehr. Die umfangreichen Zahlungsausgleichungen zwischen den Reichsdienststellen, die hauptsächlich durch die Geldversorgung zuschußbedürftiger Reichskassen entstehen, lassen zwar einen lebhaften Abrechnungsverkehr vermuten, indessen geht der Ausgleich dieser Zahlungen größtenteils über die Post- und

Reichsbank-Girokonten der einzelnen Kassen. Nur bei der Reichshauptkasse findet im beschränkten Umfange ein Buchausgleich zwischen Reichs- und Landeszentralkassen und Regierungshauptkassen statt, ferner haben die Heeres- und Marinekassen eine Abrechnungsstelle zum Austausch ihrer untereinander entstehenden Schulden und Forderungen eingerichtet, und weiterhin unterhält die Devisenbeschaffungsstelle bei der Reichshauptkasse eine Abrechnungsstelle, bei der zur Vermeidung von Geldbewegungen, ohne Inanspruchnahme des Reichsbankgiro- und Postscheckweges, Geldausgleiche durch Umbuchungen vorgenommen werden. Im übrigen mangelt es im Reichskassenwesen noch an Einrichtungen, die ein Clearingverfahren unter den zahlreichen Kassenstellen der Reichsverwaltung ermöglichen.

Eine Aufrechnung im Verkehr mit Privaten ist zwar im allgemeinen nach § 396 (BGB.) zulässig, bleibt aber auf dieselbe Kasse beschränkt, bei der Leistung und Gegenleistung entstand — und zwar deshalb, weil die in der Reichsverwaltung übliche kameralistische Buchführung auf dem Bruttoprinzip [1]) beruht, nach welchem die Einnahmen wie die Ausgaben je für sich gebucht werden müssen. Dagegen ist es nach § 103 der Reichsabgabenordnung zwar den Steuerzahlungspflichtigen wie auch dem Steuerfiskus gestattet, unbestrittene und rechtskräftig festgestellte Gegenansprüche gegen Steueransprüche aufzurechnen, auch wenn diese bei anderen Kassen zu entrichten sind. Kassentechnisch werden aber auch in diesem Fall die Bruttobeträge in Einnahme und Ausgabe je für sich gebucht, was einen nicht unerheblichen Abrechnungsverkehr der Kassen untereinander zur Folge hat. Zur Zeit wird von dem Aufrechnungsverfahren jedoch so gut wie kein Gebrauch gemacht.

c) Die Abführung der Überschüsse und die Versorgung der behördlichen Kassen mit Betriebsmitteln.

Die Abführung der Überschüsse und die Versorgung der Ausgabekassen mit Betriebsmitteln, also die Geldbewegung innerhalb des behördlichen Kassenapparates selbst, vollzieht sich zur Zeit nach dem kassentechnischen Grundsatze, daß zur Schonung der Betriebsmittel der Reichshauptkasse die Einnahmen des Reiches möglichst am Orte ihres Aufkommens für die Ausgaben nutzbar gemacht werden.

Soweit nun diese Überschüsse nicht zur Ausgabe verwendet werden, sind sie an die Reichshauptkasse, die Sammelkasse aller Reichseinnahmen, abzuführen.

---

[1]) Das Bruttoprinzip besagt, daß Einnahmebeträge und Ausgabebeträge gegeneinander nicht aufgerechnet werden dürfen, sondern daß in den Kassenbuchungen und Rechnungsbelegen die vollen Einnahmen und die vollen Ausgaben je für sich zu buchen bzw. nachzuweisen sind.

Die Abführung der Gelder geschieht allgemein durch die Lokalkasse auf die Provinzialkasse (Oberfinanzkasse) und von dieser an die Reichshauptkasse.

Die Kassen liefern ihre Barbestände im Bankgiro- oder Postscheckwege, ihre Bankguthaben im Girowege, die Postscheckguthaben im Postscheckwege ab. Diejenigen Kassen, die kein Bankkonto besitzen, zahlen ihre Einnahmen auf das Postscheckkonto der zuständigen Oberkasse, z. B. Oberfinanzkasse, ein. Das in den Einnahmekassen aufkommende Bargeld wird natürlich auf kürzestem Wege der Reichsbankstelle oder einem anderen öffentlichen oder privaten Geldinstitut zugeführt. Die Überweisung der Gesamteinnahme von den Erhebungskassen über die Provinzialkassen an die Reichshauptkasse kann infolge des langen Weges die Konzentration der gesamten Reichseinnahmen verzögern. Die Finanzverwaltung ist daher bestrebt, die Überweisung möglichst unmittelbar auf die Reichshauptkasse vornehmen zu lassen. Zur Zeit haben etwa 500 Finanzkassen und Zollkassen die Berechtigung, ihre Einnahmen unmittelbar an die Reichshauptkasse abzuliefern.

Die Ablieferung der Überschüsse kann weiter auch durch Anrechnung geleisteter Ausgaben (Aufrechnung) ausgeführt werden. Entweder handelt es sich dabei um die Erledigung von Zahlungsaufträgen der Provinzialkassen an die Lokalkassen, die diese Aufträge aus eigenen Einnahmequellen zu bestreiten haben, oder um Zahlungsleistungen der Einnahmekassen an Bedarfskassen anderer Verwaltungen.

Die Überschußkassen haben nun die Aufgabe, die Geldversorgung für zuschußbedürftige Reichskassen zu übernehmen. Ist die einzelne Finanzkasse nicht in der Lage, die Anforderung zu decken, so wird der Restbedarf bei der vorgesetzten Oberfinanzkasse angefordert. Auch diese hat im allgemeinen nur bis zur Höhe ihres eigenen Bestandes Vorschuß zu leisten. Nur wenn für einige Bedarfskassen die uneingeschränkte Belieferung von Bargeld ausdrücklich zugelassen worden ist, können die Oberfinanzkassen, die Reichsvermögenskasse, Legationskasse und Reichsarbeitskasse ihre Konten gegebenenfalls durch grüne Schecke unmittelbar aus dem Guthaben der Reichshauptkasse in unbegrenzter Höhe verstärken.

Die Berechtigung der Zuschußkassen, sich mit Geldmitteln zu versorgen, beruht ursprünglich auf dem ihnen zugefertigten Kassenanschlag, auf Grund dessen sie im Rahmen der haushaltsmäßig zugewiesenen Mittel Abhebungen vornehmen können. Dieses Recht ist den Kassen der Reichshoheitsverwaltung durch die Einführung des sogenannten Kreditbriefverfahrens beschränkt worden. Die gesamten auf Grund des Reichshaushalts den Ressorts zuzufertigenden

Mittel werden zunächst seitens des Reichsfinanzministers nach Maßgabe des jeweils zur Verfügung stehenden Einnahmebestandes derart rationiert, daß die einzelnen Ressorts jedesmal nur die für den Zeitraum eines Monats erforderlichen Mittel zugewiesen erhalten. Die Ressorts ihrerseits fertigen den ihnen unterstehenden Verwaltungsstellen sogenannte Kreditbriefe aus, die die einzelnen für die Wirtschaftszeitabschnitte festgesetzten Summen enthalten. In diesen Kreditbriefen schreiben die Geldversorgungskassen die einzelnen bei ihnen vorgenommenen Abhebungen ab und verweigern weitere Auszahlungen, sobald die kreditierte Summe verbraucht ist. Die Kreditbriefe sind nicht als Kassenanweisungen zu werten, sondern sind lediglich Ausweise der empfangenden Stelle für die Berechtigung der Geldentnahme [1].

Die Abhebungen der Bedarfskassen können natürlich der Zahlung entsprechend entweder in bar oder durch Überweisung der Vorschüsse auf das Postscheck- oder Bankkonto der zuschußbedürftigen Kassen vorgenommen werden. Die letztere Übertragungsform, die also eine Verstärkung der Konten der Zuschuß empfangenden Kasse bewirkt, kann natürlich in gewissem Grade zu unzweckmäßigen Zahlungen führen, wenn z. B. die Guthaben bei Zahlungsverzögerungen längere Zeit gehalten werden müssen. Deshalb kann die Vorschußerhebung bei den Geldversorgungskassen auch in der Weise erfolgen, daß die Geldversorgungskasse (Finanzkasse, Oberfinanzkasse) die Zahlung für die Zuschußkassen an den Zahlungsempfänger unmittelbar ausführt und den verauslagten Betrag nachträglich mit der Zuschußkasse möglichst über die Reichshauptkasse als Vorschuß verrechnet.

d) Das Verhältnis der Zahlungsformen zueinander.

Die in den Kassen der Reichsverwaltung an Betriebsmitteln jeweils vorhandenen Geldmengen sind wiederholt ermittelt worden. Es befanden sich in den Kassen der Reichsfinanzverwaltung (Finanzkassen, Zollkassen) an einem Stichtag im Dezember 1923 150 Millionen Bargeld und Kontenbestände, im Dezember 1924 dagegen nur noch 23 Millionen.

Im November 1924 war das Verhältnis zwischen baren und bargeldlosen Einzahlungen folgendes:

---

[1]) Das Kreditbriefverfahren soll den wirtschaftlichen Verbrauch der jeweils zur Verfügung stehenden Geldmittel des Reichs gewährleisten. Jede Verwaltungsstelle darf danach so viel Mittel verbrauchen bzw. von den Geldversorgungsstellen abheben, als der ihr zugeteilte Kreditbrief ausweist. Damit wird verhindert, daß die Ressorts die ihnen durch den Haushalt bewilligten Mittel allzu schnell verbrauchen.

	Bei der Steuerverwaltung	Bei der Zollverwaltung	Gesamtdurchschnitt
Bareinzahlungen	39%	66%	53%
Reichsbankgiro	19%	13%	16%
Postgiro	27%	12%	19%
Sonstige Giroanschlüsse . .	15%	9%	12%
	100%	100%	100%

Die Hundertteile beziehen sich auf die Geldsummen, nicht auf die Anzahl der einzelnen Zahlungsfälle. Welches Verhältnis jedoch zwischen den baren und den bargeldlosen Zahlungsfällen besteht, läßt sich nicht sicher ermitteln, wird aber zur Zeit noch im Verhältnis von 1:1 aller Zahlungsvorfälle angenommen werden können. Die Inanspruchnahme der bargeldlosen Zahlungsform ist in den einzelnen Gebieten des Reiches äußerst verschieden. So ist zu beobachten, daß in den süddeutschen Ländern die Barzahlungen an die Finanzämter verhältnismäßig stark sind (München 61%, Nürnberg 50%, Würzburg 51%, Darmstadt 52%, dagegen Berlin 34%, Leipzig 32%, Unterelbe 32%[1]).

B. Die Reformmöglichkeiten des behördlichen Zahlungsverkehrs und seiner Organe.

I. Allgemeine Leitgedanken für die Reform.

In einem ideal geordneten Staatswesen sollte der Finanzminister mit voller Personal- und Verordnungsgewalt die gesamte Ausführung des Haushaltes leiten und durch einen eigenen Kassenapparat den gesamten Einnahme- und Ausgabedienst ausüben. Die Entwicklung des Kassenwesens bei den Ländern wie im Reiche ist aber den Weg zu dieser Einheit nicht gegangen. Der Einfluß der Finanzminister verminderte sich bei den einzelnen Verwaltungszweigen in dem gleichen Maße, wie diese an Bedeutung und Umfang zunahmen. Die Finanzminister waren genötigt, wichtige ihrer Befugnisse an die einzelnen Verwaltungszweige zu übertragen, und sich somit auch des Einflusses auf eine systematische und einheitliche Fortbildung des Kassen- und Rechnungswesens in der Gesamtverwaltung zu begeben. Diese Tatsachen aber erschweren jetzt dem Reichsfinanzminister in seiner Eigenschaft als grundsätzlichem Vorgesetzten des Reichskassen- und Rechnungswesens die Fortentwicklung des gesamten reichsbehördlichen Kassen- und Rechnungswesens. Alle auf diesem Gebiete durchzuführenden Änderungen und Verbesserungen kann er gegenwärtig nur im Einverständnis mit den Ressorts herbeiführen bzw. fördern[2]).

[1]) Ermittlung des Reichsfinanzministers.

[2]) Lotz: a. a. O. S. 73.

Gerade diese Abhängigkeit und Rücksichtnahme auf andere Ressorts ist eine der größten Schwierigkeiten, die sich einer grundlegenden Reform des Reichskassenwesens entgegenstellen.

Dennoch wird der Gedanke, dem Finanzminister Einfluß auf die Fortentwicklung des Reichskassen- und Rechnungswesen zu sichern, richtunggebend auch für die Reform des Kassenwesens bleiben. Der Finanzminister muß stets imstande sein, die jeweilige Geschäftslage des Reichshaushalts, den Geldverkehr in der gesamten Reichsverwaltung zu überwachen. Die Neuordnung des Kassenwesens muß dem Finanzminister also unbedingt die Möglichkeit bieten, auf die Ordnung des Kassen- und Rechnungsstandes und die Konzentration der behördlichen Geldbewegung maßgebenden Einfluß zu gewinnen. In diesem Sinne hat auch der Reichssparkommissar die Reformarbeiten im Kassen- und Rechnungswesen unterstützt.

Die Mängel, die sich aus der Verselbständigung der Ressorts gegenüber dem Finanzminister auf dem Gebiete des Kassenwesens ergeben haben, bestehen in der Aufblähung des insbesondere nach der Kriegszeit entstandenen Kassenapparates, in der verhältnismäßig geringen Ausdehnung des bargeldlosen Zahlungsverkehrs und in der noch geringen Verwendung technischer Hilfsmittel bei der Ausführung der Kassenbuchungen und der sonstigen Kassentätigkeit. Die Reform wird sich also in der Richtung auf Beseitigung dieser Mängel bewegen müssen. Nun liegt es jedoch in der Natur der Sache, daß die Form des Zahlungsverkehrs abhängig ist von der Organisation des Kassenapparates, und ebenso wird der jeweilige Aufbau eines Kassensystems bestimmte Formen des Zahlungsverkehrs verlangen; andererseits aber ist die Verwendung maschineller Einrichtungen abhängig von der Form des Zahlungsverkehrs und der Organisation des Kassenapparates, und so verlangen radikale Vereinfachungen und Mechanisierungen eine besondere Organisation sowohl des Kassenapparates als des Zahlungsverkehrs. Es liegt also eine gegenseitige Abhängigkeit der Bestrebungen vor, die sich auf den drei Reformgebieten geltend machen werden. Diese Tatsachen machen es besonders schwierig, die geeigneten Wege vorzuzeichnen, die die Reform auf ihren einzelnen Etappen zu beschreiten hat, um der Gefahr zu begegnen, daß die Verbesserungen auf dem einen Gebiete zweckmäßige Neuerungen auf dem andern ausschließen. Es wird also notwendig sein, einen weitsichtigen Plan für die gesamte Reform aufzustellen und das Ziel der Reform fest zu umgrenzen. Die zu erstrebende Endform des Kassenapparates ist natürlich ein Problem, das verschiedene Lösungen zuläßt, von denen jede wiederum auf verschiedenen Wegen erreicht werden kann.

Es muß von Anfang an mit bestimmten Tatsachen gerechnet

werden, die es verbieten, etwa in anderen Ländern erprobte Verfahren unverändert zu übernehmen. Die dem Deutschen Reiche eigentümliche, voneinander getrennte Reichs- und Länderverwaltung, die je für sich einen besonderen, zum großen Teil nur historisch begründeten behördlichen Kassenapparat besitzt, und die Institution der Reichsbank und der Reichspost als Zahlungsinstitute schreiben schon hier der beabsichtigten Kassenreform bestimmte Wege vor. Dennoch kann auch für die in der Deutschen Reichsverwaltung durchzuführenden Vereinfachungsbestrebungen als Vorbild das in der englischen und belgischen Verwaltung herrschende Kassensystem dienen. Das dort übliche Verfahren stellt den vollständigsten Fortschritt dar, der auf diesem Gebiete je erreicht worden ist. In seinen Grundzügen bietet es etwa folgendes:

Die staatliche Kassenverwaltung wird nach Möglichkeit ganz beseitigt. Die Bank von England versieht mit ihrem Filialnetz den gesamten Zahlungsdienst und betätigt sich als Geldaufbewahrungsstelle für die Staatsverwaltung. Der Staat zahlt für diese Tätigkeit in gewissen Fällen eine Vergütung. Im übrigen erhält er für seine Guthaben keine Zinsen, da sich die Bank von England aus der bankmäßigen Verwendung der staatlichen Guthaben selbst bezahlt macht. Im Interesse des Publikums müssen natürlich auch bei diesem System staatliche Handkassen bestehen bleiben, die dem Verkehrsbedürfnis zu dienen haben. So z. B. die Postkassen, Zollkassen, Steuerkassen (Kollektor) und ähnliche. Diese Stellen führen ihre täglichen Einnahmen, die sie meist in bargeldlosen Zahlungsmitteln erhalten, unmittelbar an eine nächstgelegene Bank ab und lassen sich als Gegenwert einen Wechsel ausstellen. Diese Wechsel geben die amtlichen Stellen als Barablieferung ihrer Einnahmen unmittelbar an die Zentralstelle der Bank von England, womit die ganze kassenmäßige Tätigkeit dieser behördlichen Verwaltungsstellen erschöpft ist. Das englische System hat also danach eine vollständige Trennung des staatlichen Anweisungsdienstes vom Zahlungsdienste durchgeführt.

Auf S. 27 ist der Zahlungsverkehr der englischen Staatsverwaltung bildlich dargestellt.

Auf die deutschen Verhältnisse übertragen, würde dieses System eine Zentralkasse zur Voraussetzung haben, die mit einem genügenden Filialnetz ausgestattet wäre. Die Reichsbank mit ihrer Organisation würde diesem Bedürfnis bei dem Umfang der Reichsverwaltung allein nicht genügen können. Es müßten meines Erachtens entweder andere Kasseninstitute, wie etwa die Post, zur Ergänzung hinzugezogen werden, oder die Reichsbank müßte einen entsprechenden Ausbau ihrer Filialen vornehmen. Weiterhin setzt die vollständige Zentralisierung des Zahlungsdienstes eine nicht allzu große regionale Ausdehnung der Verwaltungsgebiete voraus, die allerdings in der englischen Verwaltung besteht. Für das Deutsche Reich würden hier die Verhältnisse ungünstiger liegen, da durch die räumliche Ausdehnung die Transportwege zu lange Zeit in Anspruch nehmen. Die deutsche Reichskassenreform wird daher eigene Wege gehen müssen. Unter Berücksichtigung jener historisch begründeten Postulate würde danach das Ziel der zu erstrebenden Kassenreform in der Richtung nach dem englischen System, nämlich nach der Zentralisierung des Ausgabe- und Einnahmedienstes in einer staatlichen Zentralkasse (Reichshauptkasse), liegen, die in erster Linie die Organe der Reichsbank und der Post als Zahlungsvermittlungsstellen benutzt. Es würde also eine scharfe Trennung nach Anweisungsdienst und Zahlungsdienst ähnlich dem englischen Vorbilde erreicht werden können. Ebenso wie es in der englischen Kassenverwaltung nicht möglich war, auf örtliche staatliche Handkassen zu verzichten, so werden auch in der Reichskassenverwaltung für gewisse Dienststellen Kasseneinrichtungen bestehen bleiben müssen, die den unmittelbaren und unvermeidlichen Verkehr mit dem Publikum vermitteln und überall da notwendig sind, wo es sich um den geldlichen Ausgleich von Leistung und Gegenleistung handelt, wo also die Kasse das Entgelt für eine staatliche Leistung Zug um Zug entgegennehmen muß (Verkehrskassen).

Nach den bisherigen Verhandlungen der Kommissionen, die diese Fragen prüfen, zeichnen sich drei Phasen ab, in denen sich die Reform des Kassenwesens vollziehen wird. Zunächst wird es sich nur darum handeln, unter der bestehenden Ordnung Verbesserungen durchzuführen, die also im allgemeinen die gegenwärtige Organisation noch unberührt lassen und mehr örtlicher Natur sind.

Der zweite Schritt wäre, alle dem Endziele der Reform entgegenstehenden gesetzlichen Bestimmungen und sonstigen Verwaltungsverordnungen zu beseitigen bzw. zu ändern, um eine materielle Vereinheitlichung des Kassendienstes zu schaffen, ferner die nichtbehördlichen Bankinstitute gegebenenfalls zu zweckmäßigen Veränderungen und Verbesserungen ihrer Methoden zu veranlassen, um die im behördlichen Kassenwesen zu erstrebenden Veränderungen in Einklang mit ihnen zu bringen.

Erst in der dritten Etappe würden mit Hilfe maschineller Einrichtungen organisatorische Umformungen in größerem Stile zu erfolgen haben, die dann letzten Endes das Ziel der Reform, nämlich die allgemeine Zentralisierung des Kassenwesens, erreichen sollen.

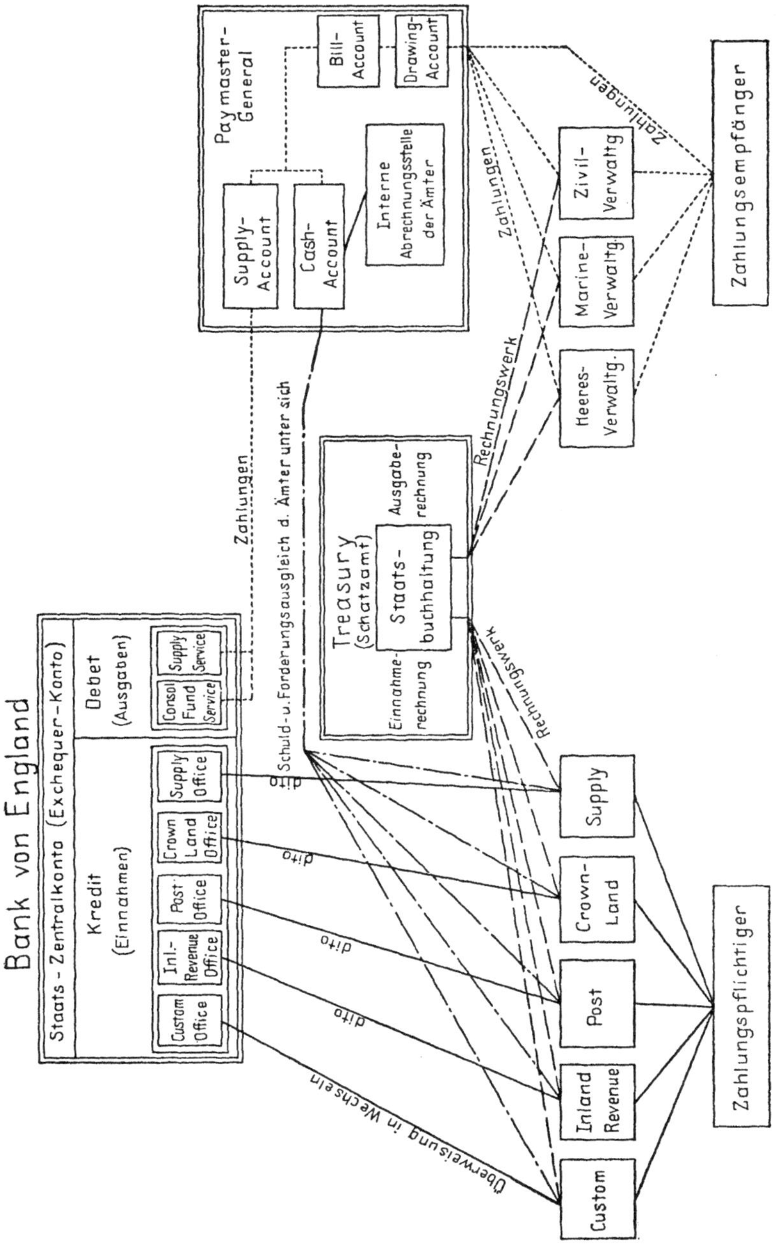

Abb. 2. Der Zahlungsverkehr in der englischen Staatsverwaltung.

II. Die Erweiterung des bargeldlosen Zahlungsverkehrs.

a) Allgemeine Bedingungen zur Erweiterung des bargeldlosen Zahlungsverkehrs.

Obgleich der Einfluß der behördlichen Kassen auf dem Gebiete des Zahlungswesens unverkennbar war, haben sie sich gerade in der Förderung des bargeldlosen Zahlungsverkehrs zurückgehalten; das Personal dieser Kassen fühlte sich durch Vorschriften und Anweisungen gebunden und besaß nicht immer eine ausreichende fachtechnische Ausbildung auf diesem Gebiete. Vier Etappen lassen sich in den letzten 50 Jahren auf dem Gebiete der Entwicklung des bargeldlosen Zahlungsverkehrs unterscheiden, in denen ein wesentlicher Schritt vorwärts in der Förderung und der Verwendung moderner Zahlungsformen getan wurde[1]).

Den ersten Anstoß zur Ausdehnung des bargeldlosen Zahlungsverkehrs gab die Reichsbank, als sie bei ihrer Gründung den Überweisungsverkehr auf das ganze Reichsgebiet ausdehnte, den zweiten gab die Geldkrisis 1907; sie brachte eine starke Entfaltung des Giro- und Scheckverkehrs bei den Privatgeldinstituten. Die dritte Etappe entstand während des Krieges aus währungspolitischen Gründen, und gegenwärtig scheint die Kreditnot ein Beweggrund zu sein, den bargeldlosen Zahlungsverkehr zu fördern. Allerdings wurde die Frage des bargeldlosen Zahlungsverkehrs auch bei den Behörden erwogen; aber erst 1907 kam es zu einem ausgedehnteren Anschluß der behördlichen Kassen an die Giroverbände und während des Krieges zu der weitestgehenden Ausdehnung bargeldloser Zahlungen, selbst auf Gehalts- und Lohnzahlungen. Gegenwärtig wird die Erweiterung des bargeldlosen Zahlungsverkehrs nicht allein zur Milderung der Kreditnot, sondern vor allem zur Verbilligung des behördlichen Kassenbetriebes gefördert.

Die Ausdehnung der bargeldlosen Zahlungen erfordert eine engere Anlehnung an die öffentlichen und privaten Geldinstitute und führt dazu, diese in immer stärkerem Maße in den Dienst des behördlichen Kassenwesens zu stellen.

Die Beweggründe, die die Privaten veranlassen, sich bei Banken oder sonstigen Geldinstituten Konten zu halten, und sich damit in den bargeldlosen Zahlungsaustausch einzuschalten, sind in der Hauptsache dreierlei Art: erstens beabsichtigen sie Kreditgeschäfte zu tätigen, dann die Barbestände zu sichern, also das Risiko der Geldaufbewahrung abzuwälzen, und drittens die Verwaltung der Barmittel

[1]) Hoffmann: Der Einfluß des bargeldlosen Zahlungsverkehrs auf die Wirtschaft. Der Zahlungsverkehr Jg. 6. S. 279. 1924.

und die Ausführung der Zahlungsgeschäfte durch die Bank vornehmen zu lassen. Der Private ist also bestrebt, die gesamte Kassentätigkeit den für diese Arbeiten berufsmäßig bestimmten Instituten zu übertragen. Demgegenüber halten die Behördenkassen Bankkonten, lediglich um den Zahlungsverkehr zu erleichtern, und weil sie im gewissen Grade gezwungen sind, sich den Zahlungsgewohnheiten der Privaten anzupassen.

Wenn sich nun die Notwendigkeit herausstellt, auch behördlicherseits die Zahlungsfunktionen möglichst den berufsmäßigen Geldinstituten zu übertragen, so muß auch deren Organisation und regionale Ausdehnung den Fördernissen des behördlichen Verwaltungsapparates angepaßt sein. In dieser Hinsicht jedoch reicht die gegenwärtige Organisation der privaten und der staatlichen Geldinstitute (Reichsbank und -post) noch nicht aus. Soll nun der bargeldlose Zahlungsverkehr in wirksamer Form weiter ausgedehnt werden, so wird es notwendig, nicht nur bei den reichsbehördlichen Kassenorganen, sondern auch bei den öffentlichen und privaten Geldinstituten selbst wie beim Publikum eingelebte Gewohnheiten abzuändern. Dies ist indessen nur bei gutem Willen aller Beteiligten möglich. Die Hemmungen, die bei den Behörden hinsichtlich der Durchführung von Neuorganisationen zu beobachten sind, lassen sich zweifellos auch bei den privaten Bankinstituten feststellen. Auch das Publikum ist nur schwer zu Änderungen seiner Gewohnheiten zu bestimmen.

1. Die Reformmaßnahmen behördlicherseits.

Was zunächst die Behörden anbelangt, so ist die Notwendigkeit, den bargeldlosen Zahlungsverkehr zu fördern, in neuerer Zeit besonders stark hervorgetreten.

Mit den Bestrebungen stehen jedoch eine Reihe von Vorschriften in Widerspruch, deren Beseitigung zunächst erreicht werden muß. Nach den auf S. 13 für die Reichsabgabenverwaltung angeführten Bestimmungen über den Zahlungstag gelten die von den Zahlungspflichtigen an den Fiskus zu bewirkenden Zahlungen als erfüllt, wenn bei Barzahlungen der Betrag am Schalter entrichtet wird. Ebenso gilt der Scheck als Zahlungs Statt beim Eingang bei der Kasse. Andererseits aber erfüllt der Zahlende bei Ausführung einer Kontoüberweisung seine Zahlung erst in dem Augenblick, wenn der Betrag dem Konto der empfangenden behördlichen Kasse gutgebracht worden ist, im Postscheckverkehr dann, wenn der Überweisungsscheck beim Scheckamt eingeht. Diese Bestimmung wirkt naturgemäß der Einschränkung des Barverkehrs entgegen; denn sie gestaltet die Überweisungszahlung für den Zahlungspflichtigen ungünstiger. Während der Inflationszeit ist vorübergehend die Annahme von Schecken den Kassen der Finanzverwaltung verboten und dafür die Zahlung auf Zahlkarte mit dem Zugeständnis gestattet worden, daß die Zahlung mit der Entrichtung des Betrages am Postschalter als erfüllt gelte. Die ungleichartige Behandlung nicht nur der Barzahlung gegenüber der bargeldlosen Zahlung, sondern auch der einzelnen Arten der bargeldlosen Zahlungsform untereinander hinsichtlich der Zahlungserfüllung haben naturgemäß Gegenwirkungen ausgelöst. In den meisten Fällen sind die Zahlungen an die behördlichen Kassen Bringschulden, d. h. die Behörde kann die Zahlung an einem bestimmten Fälligkeitstermin und Ort verlangen (z. B. sämtliche Reichsabgaben). Die behördlichen Kassen können daher auch die Zahlungsformen vorschreiben und werden hierbei die für sie vorteilhafteste wählen; andererseits sucht natürlich der Zahlungspflichtige den für ihn günstigsten Zahlungsweg. Er wird die Überweisungsform vermeiden, wenn ihm die Scheckzahlung oder gar die Barzahlung geringere Kosten verursacht. Tatsächlich trug die ungleichmäßige Behandlung der Zahlungserfüllung (s. S. 13 f.) zur Förderung der Scheckzahlung an Stelle der Überweisungszahlung bei, eine Tatsache, die den Zahlungsverkehr für die Reichsverwaltung verteuerte. Der Zahlungserfüllungstag muß für alle Zahlungsarten derselbe sein. Es muß daher meines Erachtens bei allen behördlichen Kassen auf gleichartige Behandlung aller bargeldlosen Zahlungsformen hinsichtlich der Erfüllung hingewirkt werden. Gewiß kann die Anerkennung der Zahlungserfüllung bei Erteilung des Zahlungsauftrages eines Kontoinhabers an seine Bank für den Fiskus nachteilig werden, wenn die betreffende Bank nicht die Gewähr für Sicherheit und pünktliche Erledigung bietet. Man wird zunächst gewisse Einschränkungen machen müssen und nur solche Banken zulassen, die die notwendige Garantie zu bieten vermögen. Bei allen anderen Banken und Geldinstituten können die Überweisungen auf Postscheckkonto erfolgen.

Die behördlichen Kassenorganisationen stehen zwar in einem lebhaften Geschäftsverkehr mit den öffentlichen und privaten Geldinstituten, haben aber, von der Reichspost abgesehen, ihre beachtliche Stellung als Großkunde noch nicht genügend ausgenützt. Es wird vielmehr notwendig werden, alle vorhandenen gemeinschaftlichen Einrichtungen im Bank- und Geschäftsverkehr auch auf ihre Verwendbarkeit für den behördlichen Zahlungsverkehr zu prüfen.

Die Großbanken benutzen bei Ausführung des Überweisungsverkehrs nicht immer die Reichsbank. Durch den Konzentrationsprozeß im Bankgewerbe haben sich innerhalb der einzelnen Großbankorganisationen wie auch im Verkehr der Großbanken zueinander

Übertragungsformen herausgebildet, bei denen der Geldaustausch im direkten Verkehr und demnach ohne Zinsverlust ausgeführt wird.

So besteht neben der Großorganisation der Reichsbank bekanntlich die Bank des Berliner Kassenvereins, die für ihre Mitglieder die Einziehung von Scheckanweisungen, Rechnungen, Effekten, wie überhaupt das Inkasso von jeder beliebigen in Berlin wohnhaften Person ausführt und die Abrechnung zwischen ihren Mitgliedern besorgt. Der Bank ist ferner der Berliner Eilavisverband angegliedert, dem alle diejenigen Mitglieder angehören, die der Abrechnungsstelle der Reichsbank angeschlossen sind. Der Verband hat den Zweck, eine Beschleunigung der Zahlungsübertragungen herbeizuführen.

Diese für den beschleunigten Bankverkehr geschaffenen Einrichtungen haben sich die großen staatlichen Kassenorganisationen noch nicht zunutze gemacht[1]). Es bleibt demnach meines Erachtens zu prüfen, inwieweit es der Reichskassenorganisation möglich ist, in die Bankverbände als Teilnehmer einzutreten, oder ähnliche Zentralorganisationen innerhalb des reichsbehördlichen Kassenverbandes selbst auszubilden.

Was zunächst diesen letzteren Gedanken anbelangt, so besteht allerdings bei den Reichsbehörden ein weitverzweigter Überweisungsverkehr zwischen den einzelnen Behörden aller Ressorts. Dieser Verkehr läuft entweder über Reichsbankgirokonto oder Postscheckkonto oder erfolgt sogar durch Barausgleich. Es werden also bei der Durchführung des Zahlungsausgleichs unter den Reichsbehörden selbst erhebliche Mittel durch die bankmäßigen Übertragungen zeitweise gebunden. Daher liegt der Gedanke nahe, eine Abrechnungsorganisation, etwa nach dem Vorbilde der Bank des Berliner Kassenvereins, zu schaffen, die in die Hand der Reichshauptkasse gelegt werden könnte. Wie bereits erwähnt, besteht bei der Reichshauptkasse schon eine Abrechnungsstelle für die Heereskassen und eine solche für die Marinekassen, die die Aufgabe haben, Forderungen und Gegenforderungen der Heeresdienststellen bzw. der Marinestationskassen buchmäßig auszugleichen, ferner auch eine Abrechnungsstelle der Devisenbeschaffungsstelle. Ein weiteres Vorbild für eine solche Organisation ist die Abrechnungsstelle des Vereins Deutscher Eisenbahnverwaltungen (sog. Vereinsabrechnungsstelle), die alle Forderungen und Gegenforderungen der einzelnen Eisenbahnverwaltungen (auch der Reichsbahndirektionen untereinander)

[1]) Die Postscheckämter sind jedoch Mitglieder der Abrechnungsstellen der Reichsbank. Im Kalenderjahr 1924 wurden 891 870 Postschecke und 49 040 Bankschecke ausgetauscht im Gesamtwert von 2,06 Milliarden Mark (Geschäftsbericht über die Ergebnisse des Postscheckverkehrs 1924. Berlin 1925).

im Abrechnungswege ausgleicht. Die Abrechnungsstelle fertigt den Verwaltungen Auszüge aus der Abrechnung über die ausgeglichenen Einnahmen und Ausgaben zu; den Kassen obliegt daraufhin lediglich der kassenmäßige Ausgleich der Salden. Durch diese Einrichtung wird erreicht, daß ein erheblicher Teil der zu bewegenden Geldbeträge nicht über die Bankkonten geführt wird, die Zahlungen also geldlos geleistet werden. Ferner werden nicht unerhebliche Zinsen erspart. In gleicher Weise ließe sich also auch der Zahlungsverkehr unter den Reichsbehörden ganz allgemein durch eine zentrale Abrechnungsstelle leiten, wenn man sie der Reichshauptkasse angliederte. Ein solcher Abrechnungsverkehr wird jedoch nur dann wirksam sein und alle wesentlichen Geldübertragungen erfassen, wenn er möglichst weit auch auf die Lokalkassen ausgedehnt wird, sofern solche einen besonders lebhaften Austausch von Schulden und Forderungen mit anderen Kassenstellen aufweisen. Auch könnten in diesen Abrechnungsverkehr die Kassen der Landes- und Kommunalverwaltungen einbezogen werden.

Anders verhält es sich mit dem Gedanken, die Reichskassenorganisation als Mitglied in die Spezialverbände des Berliner Zahlungsverkehrs einzuschalten. Dies setzt zunächst eine straffe Zentralisierung des behördlichen Zahlungsverkehrs überhaupt voraus. Die Reichshauptkasse, die allein für die Zusammenfassung des Zahlungsverkehrs in Frage käme, besitzt augenblicklich die Eigenschaft als Zentralinstitut für den Zahlungsverkehr noch nicht. In dem Maße jedoch, in welchem die Reichshauptkasse unmittelbar Kassengeschäfte in größerem Umfange übernehmen wird, wenn sie z. B. den gesamten Steuereinzug auf sich konzentriert und größere Zahlungen für die einzelnen Verwaltungszweige leistet, und wenn sie infolgedessen in der Lage ist, die reichsbehördlichen Kassengeschäfte auch in einem regen Verkehr mit den Zentralbankorganisationen zu führen, erst dann wird ihr Anschluß an die Abrechnungsstelle der Reichsbank sowie auch an den Eilavisverband des Berliner Kassenvereins zweckmäßig sein können.

Hierbei ist auch die Frage zu erörtern, ob die Einlösung der zahlreichen im behördlichen Kassenbetrieb aufkommenden Barschecke nicht auf geeignetere Weise, als es jetzt der Fall ist, möglich sein wird. Der Scheck dient vornehmlich als örtliches Zahlungsmittel und wird grundsätzlich auch nur im örtlichen Zahlungsverkehr zugelassen werden dürfen. Daher ist auch das Einziehungsverfahren örtlich zu regeln. In Berlin ist die Einziehung der Schecke, soweit sie bei den Kassen der Abgabenverwaltung aufkommen, einer Privatbankstelle übertragen, die die Schecke der zuständigen Oberfinanzkasse nach Ablauf von 24 Stunden gutschreibt. Wenn die Reichshauptkasse Mitglied der Abrechnungsstelle der Reichsbank ist, wird sie auch die Verrechnung der Schecke mit den bezogenen Banken selbst vorzunehmen haben. Ferner wird sie als Scheckeinlösungsstelle für sämtliche Berliner Reichskassen tätig sein können. Durch dieses Verfahren würden all die bargeldlosen Zahlungen auf denkbar schnellste Weise in die Zentralkasse gelangen, die ihrerseits die Einnahmekasse entsprechend, durch einfache Buchübertragung, erkennen kann. Voraussetzung bleibt jedoch, daß nur solche Schecke in Zahlung genommen werden, die auf Mitglieder der Abrechnungsstelle gezogen sind. Wenn die Reichshauptkasse sich weiterhin an dem Scheckinkassoverkehr des Deutschen Sparkassen- und Giroverbandes, dem 8000 Geldinstitute angehören, beteiligt, wird sie auch den übrigen Scheckanfall im gleichen Abrechnungsverfahren einlösen können. Alle Reichskassen in Berlin würden also die bei ihnen aufkommenden Schecke unverzüglich an die Reichshauptkasse liefern und den Gegenwert sofort als Barablieferung ordnungsmäßig buchen. Die Reichshauptkasse würde ihrerseits die Schecke bei der Abrechnungshandlung den bezogenen Banken übergeben und noch am gleichen Tage die Überweisung des Gegenwertes auf ihr Reichsbankgirokonto oder ihr Bankkonto bei der betreffenden bezogenen Bank erhalten. Damit hat die Reichshauptkasse die Gegenwerte der Schecke bereits am Einlösungstage zur Verfügung. Ähnliche Verfahren lassen sich auch in anderen Orten ermöglichen, wenn dort an Stelle der Reichshauptkasse eine andere Reichskasse, etwa die Oberfinanzkasse, die Einlösung der Schecke als Mitglied einer Abrechnungsstelle besorgt und die Überweisung der Gegenwerte unmittelbar auf die Reichshauptkasse vornehmen läßt. Die Abrechnung mit den anderen Einnahmekassen kann alsdann im internen Clearingverkehr ausgeglichen werden.

Auch für interlokale Schecke, soweit sie zugelassen werden müssen, ließ sich im Berliner Zahlungsverkehr ein ähnliches Verfahren ermöglichen, wenn die Reichshauptkasse Mitglied der sog. Scheckaustauschstelle wird. In diesem Verfahren wird allerdings die Gutschrift der Gegenwerte erst nach 4 Tagen vorgenommen. Der Fernscheck ist aber ein Mißbrauch und wäre im behördlichen Zahlungsverkehr zu verweigern, so daß die an sich schwierige und kostspielige Einziehung überhaupt entfiele.

Diese im vorstehenden angegebene Scheckeinlösungsform bietet gegenüber dem jetzigen Verfahren jedenfalls einen erheblichen Zinsgewinn, der um so höher wird, je mehr der Zahlungsverkehr mit Schecken zunimmt.

Eine weitere Begünstigung zur Ausdehnung des bargeldlosen Zahlungsverkehrs liegt in der Entwicklung der Kassenorganisation zum

Kassengroßbetrieb, also in dem Konzentrationsstreben. Diese Tendenz muß im allgemeinen bei allen Verbesserungen des Kassengeschäftes erkennbar bleiben und überall die treibende Kraft bilden.

2. Die Mithilfe der öffentlichen und privaten Geldinstitute.

In gleicher Weise wie die behördlichen Kassen werden auch die Geldinstitute, die öffentlichen wie die privaten, eine Reihe von Verbesserungen im Interesse der Förderung des behördlichen Zahlungsverkehrs anstreben müssen. Vorschläge[1]), die für den Ausbau des behördlichen bargeldlosen Zahlungsverkehrs besonders wichtig erscheinen, sind bereits zur allgemeinen Erörterung gestellt. In der Hauptsache handelt es sich hierbei

1. „um die Verschmelzung der Reichsbank mit den Scheckämtern zu einem Giroverband mit gemeinsamer, nur verrechnender Zentrale, die zwischen allen Konten der beiden Vermittler direkte Überweisungen ermöglicht";

2. „um den Ausbau der Scheckämter zu Bezirksabrechnungsstellen (§ 12 des Scheckgesetzes), die es durch Anschluß aller Kontenstellen möglich machen, jeden Verrechnungsscheck auf jedem Konto bequem und bargeldlos abzurechnen";

3. ferner um die Zulassung des Annahmevermerks auf Schecken (§ 10 des Scheckgesetzes), damit diese einen Vollersatz für Barzahlungen bieten;

4. um die Einführung von Postverrechnungsschecken u. a.

Die Giroüberweisungen über Reichsbankgiro leiden an einer allzu dürftigen Kennzeichnung der Einzelbeträge, und die Privatbanken behandeln oft die Benachrichtigung von der erfolgten Überweisung nicht mit der in großen behördlichen Kassen unentbehrlichen Exaktheit. Die Verbesserung der Arbeitstechnik, die nicht allein in den behördlichen Kassen, sondern auch im Bankbetriebe notwendig ist, läßt es angezeigt erscheinen, in gewissem Umfang auf einzelnen Arbeitsgebieten gemeinsame Reformarbeiten zu leisten, was vor allem in bezug auf die vielen, allenthalben verschiedenen Formalien im Interesse des Publikums erwünscht wäre.

3. Die Mithilfe des Zahlungspflichtigen.

Gerade aber die Mehrzahl der Zahlungspflichtigen ist Änderungen althergebrachter Gewohnheiten abgeneigt und bietet selten freiwillig die Hand zu Verbesserungen. Der Staat hat zwar eine Reihe von Machtmitteln in der Hand, das Publikum zu bestimmten, für

---

[1]) Schmidt: Der nationale Zahlungsverkehr, S. 235 ff.

ihn vorteilhaften Zahlungsformen zu zwingen, wird aber dennoch der freiwilligen Mithilfe des Publikums nicht entraten können. Hier ist nur mit einer geschickten Propaganda ein Erfolg zu erreichen.

Der Finanzminister hat z. B. den Finanzämtern empfohlen, bei Barzahlungen auf die Quittung Zettel mit folgendem Wortlaut zu kleben:

„Sie können den Weg zum Finanzamt sparen, wenn Sie die Steuern auf das Konto des Finanzamtes überweisen lassen oder bei der örtlichen Postanstalt einzahlen . . .“

Auch die gleichzeitige Beigabe von Zahlkarten bei der Zustellung der Zahlungsaufforderungen, die vielfach geübt wird, fordert die Anwendung bargeldersparender Einzahlungen.

Am wirksamsten wäre es jedoch, wenn den Zahlern die Möglichkeit der Barzahlung bei den behördlichen Kassen überhaupt genommen wird, wenn also die behördlichen Kassen zur Annahme von Barzahlungen nicht mehr ermächtigt sind. Im weitesten Umfange wird es möglich sein, Zahlungen an das Reich für Rechnung der Reichskassen bei allen öffentlichen und privaten Geldinstituten zu leisten. Es muß jedoch hierbei den Zahlenden insofern entgegengekommen werden, als alle Zahlungen in dem Augenblick als rechtlich erfüllt anzusehen sind, in dem die Zahlung am Schalter der Post oder des privaten Geldinstitutes geleistet oder der Überweisungsauftrag der Bank übergeben worden ist.

b) Die für die behördlichen Kassen zweckmäßigsten Zahlungsformen.

Wie im Abschnitt II b, S. 14, bereits dargestellt wurde, sind im reichsbehördlichen Zahlungsverkehr folgende Zahlungsformen üblich:

1. Barzahlung (Bargeld, Barscheck),
2. bargeldersparende Zahlung (Zahlkarte, Postanweisung),
3. bargeldlose Zahlung (Überweisung, Verrechnungsscheck),
4. Zahlung im Aufrechnungs- und Abrechnungsverfahren (Buchausgleich).

Über das Kostenverhältnis der einzelnen Zahlungsarten in der bankmäßigen Behandlung gibt Schmidt in „Der nationale Zahlungsverkehr“ S. 141 und 192ff. nähere Angaben. Jedoch sind die Berechnungen zum Teil durch die damals schon bestehende Inflation beeinträchtigt.

Wenn nun für die behördlichen Kassenbetriebe die Frage gestellt ist, welche Zahlungsformen die für sie zweckmäßigsten und billigsten sind, so ist diese Frage zunächst nur vom rein betriebswirtschaftlichen Standpunkt aus zu beantworten. Die Grundlage des behördlichen Kassenwesens, sein Ausbau, seine weitere Entwicklung und seine Organisation in jetziger Gestalt sind bestimmt worden durch den anfangs allein herrschenden Barzahlungsverkehr. Noch überall bestehen die Einrichtungen zur Verwaltung und Kontrolle der Barmittel, und obgleich der bargeldlose Verkehr die Barzahlungen immer mehr verdrängt, müssen doch die kostspieligen Einrichtungen zur Annahme, Sicherung und zum Transport der Barmittel in wenig verringertem Umfange beibehalten werden. (Rein bargeldlose Kassen sind im behördlichen Zahlungsverkehr bisher nur vereinzelt eingerichtet, z. B. Generalpostkasse.) Darin liegt eine starke Verteuerung des behördlichen Zahlungsverkehrs. Allerdings ist die Barzahlung, wenn die Kasseneinrichtungen einmal vorhanden und auch aus anderen Gründen notwendig sind, wenn ferner der Verkehr mit dem Publikum aus der Natur des Geschäftsvorfalles heraus unvermeidlich ist, wie etwa bei den Verkehrskassen (Zollkassen), rein arbeitstechnisch betrachtet, die einfachste und billigste Erledigung des Zahlungsgeschäfts. Der Nachteil liegt in diesem Falle bei dem Zahlenden, der genötigt ist, sich Bargeld zu verschaffen, das natürlich in seinen Händen vom Zeitpunkt der Entnahme des Barbetrages bis zur Einzahlung bei der behördlichen Kasse nicht verzinst wird. Wenn nun einerseits der Barverkehr im großen Umfange entbehrlich ist, andererseits aber die kassentechnischen Sicherungsanlagen, Personal usw. erhalten bleiben müssen, sind die Kosten für den Barverkehr gegenüber den Kosten der anderen Zahlungsarten bei weitem die höheren, ohne daß es nötig ist, im einzelnen Berechnungen darüber anzustellen, und auf die volkswirtschaftlichen Verluste hinzuweisen, die der Bargeldverkehr in der behördlichen Kasse sonst noch nach sich zieht.

Bei vollständiger Abschaffung des Barverkehrs würde sich die Tätigkeit bei den behördlichen Kassen in Buchungsvorgängen erschöpfen, die jedoch keineswegs zahlreicher und schwieriger sind als bei Barzahlungen. Es ist anzuerkennen, daß sich die Kosten für die Ausführung der buchungstechnischen Vorgänge im bargeldlosen Verkehr bei gewissen Wertgrenzen wesentlich verteuern. Diese Kostensteigerung trifft aber nicht die behördliche Kassentätigkeit, sondern die der vermittelnden Geldinstitute und wirkt sich bei den behördlichen Kassen allenfalls in einer höheren Gebührenzahlung an die privaten Geldinstitute aus. Es gleitet also die Kostenfrage in die allgemeine Tarifpolitik der öffentlichen und privaten Geldinstitute über und wird eine volkswirtschaftliche Frage, die hier nicht weiter verfolgt werden soll. Die behördlichen Kassen aber haben es nunmehr in der Hand, die durch Ausschaltung des Barverkehrs wesentlich vereinfachte Arbeitstechnik weiterhin zu rationalisieren, und die zahlreichen, gleichartigen Geschäftsvorfälle mit Hilfe maschineller Einrichtungen zu verbilligen.

Wenn somit die bargeldlosen Zahlungsformen im reichsbehördlichen Zahlungsverkehr betriebstechnisch die wirtschaftlichsten sind, bleibt zu untersuchen, welchen Einzelformen dieser Zahlungsart der besondere Vorzug zu geben ist.

Von allen behördlichen Kassen wird der Scheck unter Berücksichtigung besonderer Sicherheitsbedingungen allgemein an Zahlungs Statt angenommen. Da der Barscheck nur angebracht ist, wenn der Zahlungsempfänger kein Konto besitzt, kommt er für behördliche Kassen, die sämtlich Konten (von einigen Ausnahmen abgesehen) halten, bis auf die S. 17 benannten Fälle grundsätzlich nicht in Frage. Die im behördlichen Zahlungsverkehr üblichen Schecke sind daher sämtlich Verrechnungsschecke und müssen als solche behandelt werden. Aber auch diese sind nur berechtigt, solange eine Zahlung im Überweisungswege nicht möglich ist; denn jede Scheckzahlung bedarf der Einlösung, bevor über ihren Betrag verfügt werden kann. Hier ist ein wesentlicher Unterschied zwischen der behördlichen Kasse und dem privaten Scheckzahlungsempfänger zu erkennen. Die behördliche Kasse gehört, auch im Rahmen des Ressortkassenverbandes, noch keiner Scheckabrechnungsstelle als Mitglied an und kann infolge ihrer besonders geregelten Geschäftstätigkeit die Scheckbeträge nicht früher verwerten, als diese ordnungsmäßig ihrem Konto gutgeschrieben sind. Andere Verwendungsarten[1]) für Schecke sind im Gegensatz zu den Möglichkeiten bei den Privatempfängern und den Bankinstituten im behördlichen Zahlungsverkehr ausgeschlossen. Trotz dieser Nachteile sind jedoch die Schecke als Zahlungsmittel seitens des Publikums sehr erwünscht. Neben der großen Bequemlichkeit, Zahlungen an behördliche Kassen damit zu leisten, liegt aber der wesentliche Vorteil der Scheckzahlung vor der Überweisungszahlung für den Einzahler darin, daß im Zahlungsverkehr der Finanzverwaltung die Zahlung mit Schecken bei deren Hingabe am Schalter als erfüllt gilt, während bei Überweisungen dies erst der Fall ist, wenn der Betrag dem Konto der behördlichen Kasse gutgeschrieben wird. Das bedeutet also, daß beim Scheck der Zinsverlust dem Reichsfiskus, bei der Überweisung aber dem Zahlungspflichtigen zufällt. Sofern die Scheckzahlung im besonderen Interesse des Publikums weiterhin zuzulassen sein wird, ist dies auch nur dann vertretbar, wenn die Einlösungsmethode für den Fiskus keine weiteren Nachteile bringt. Zur Zeit werden, wie bereits auf S. 19 angegeben, die bei den Berliner Finanzämtern aufkommenden Privatbankschecke insgesamt durch eine Privatbank eingelöst, die nach 24 Stunden den Gegenwert zur Verfügung stellt und

[1]) Z. B. Verwendung als Zahlungsmittel durch Weitergabe an einen andern Empfänger: ferner Verwendung im unmittelbaren Austauschverkehr.

natürlich auch Einlösungsgebühren berechnet. Diese Kosten gehen zu Lasten des Reichsfiskus. Die Übernahme solcher Mehrkosten ist aber nur dann zu rechtfertigen, wenn andere Zahlungswege nicht vorhanden sind. Solange sich also der Verrechnungsscheck durch eine einfache Überweisungszahlung ersetzen läßt, wäre er abzulehnen, es sei denn, daß die Einlösung der Schecke etwa durch Anschluß der reichsbehördlichen Zentralkassen an die Scheckverrechnungsstellen der Reichsbank oder an sonstige gemeinsame Bankorganisationen ohne besondere Kosten erreichbar ist.

Die Zahlung im Überweisungswege bleibt somit im Zahlungsverkehr zwischen den Behördenkassen und dem Publikum die zweckmäßigste Zahlungsform; sie nötigt allerdings in vielen Fällen zu einer recht umständlichen Kontenhaltung, wenn nämlich die in Anspruch zu nehmenden Bankinstitute nicht in ausreichender Weise an die Giroverbände angeschlossen sind. Dieser Mangel würde allerdings zu einer Verzettelung der jeweils verfügbaren Reichsguthaben führen. Da aber die Überweisungszahlung nicht wie im Scheckverkehr lokal gebunden ist, läßt sich durch Zusammenlegung örtlich getrennter Kassenstellen auch die Zahl der Konten stark vermindern.

Bei den Überweisungszahlungen ist für den Fiskus der Zeitpunkt wichtig, zu welchem die Zahlung als erfüllt gelten soll. Gegenwärtig ist allgemein der Tag der Gutschrift, bei Postüberweisungsschecken der Eingangstag beim Scheckamt als Zahlungstag bestimmt. Aus den bereits auf S. 37 erläuterten Gründen wird diese Regelung nicht aufrechterhalten werden können. Es wird als Zahlungstag bei Überweisungen der Tag der Auftragserteilung zu bestimmen sein. In diesem Fall tritt eine wesentliche Änderung in der Bewertung dieses Zahlungsweges ein. Die Zeit vom Tage der Auftragserteilung bis zum Tage der Gutschrift geht alsdann zu Lasten des Reichsfiskus; er hat außerdem noch die Aufgabe, zu prüfen, ob der Betrag in der angegebenen Zeit nach der Auftragserteilung ihm tatsächlich gutgebracht worden ist; denn es muß im Interesse der Finanzwirtschaft verhindert werden, daß die Geldinstitute die abzuführenden Reichsgelder unberechtigt zurückhalten, um ihrerseits mit diesen Mitteln Geldgeschäfte zu machen. Die Überweisungszahlung kann deshalb durch die Verzögerung in der Ausführung des Überweisungsauftrages wesentlich verteuert werden. Ich bin daher der Ansicht, die Regelung im allgemeinen so zu treffen, daß alle Zahlungsaufträge zur Übertragung auf behördliche Konten allgemein ohne Rücksicht auf die Länge des Überweisungsweges mit einem Wertstellungsdatum versehen werden, das etwa 2—3 Tage nach dem Datum des Überweisungsauftrages liegt. Diese Frist wird allgemein ausreichen, um die Überweisungsaufträge für den Reichsfiskus unentgeltlich auszuführen.

Im Zahlungsverkehr mit der Reichsbank und der Post spielt die Kostenfrage keine Rolle.

Die Reichsbank hat von jeher und neuerdings auch auf Grund des Bankgesetzes vom 30. 8. 1924 (RGBl. II S. 235) die für die Reichsbehörden anzunehmenden oder zu leistenden Zahlungen und den bargeldlosen Verkehr zwischen den Kassen des Reiches gebührenfrei zu besorgen. Es entstehen also im Verkehr mit der Reichsbank für deren hauptsächlichste Leistungen, nämlich für die Vermittlung des behördlichen Zahlungsverkehrs, keine besonderen Gebühren. Es sei aber zudem darauf hingewiesen, daß, soweit sich die beabsichtigten Reformen in ihrer Auswirkung überblicken lassen, der Reichsbank keine wesentliche Mehrarbeit zufällt, und daß demnach auch bei ihr durch die Neuordnung keine Erhöhung ihrer Selbstkosten eintreten wird.

Alle Gebühren, die die Post für die Ausführung ihrer Zahlungsvermittlung berechnet, vereinnahmt sie als reichseigenes Institut; die Überschüsse kommen dem Reich zugute, so daß alle Gebühren, die die reichsbehördlichen Kassen zu entrichten haben, lediglich als Übertragung von Ausgabeposten aus einem Kapitel des Reichshaushalts auf das andere aufgefaßt werden können. Auch wenn die Post jetzt haushaltsrechtlich als selbständiges Institut anzusehen ist, so hat sie dennoch ihre Überschüsse an das Reich abzuliefern, womit also die Kostenersatzleistungen anderer Reichsverwaltungsstellen an die Post wieder dem Reichsfiskus zufließen[1]).

Bei allen Kostenberechnungen wird daher im Verkehr mit der Post und der Reichsbank die Gebührenfrage grundsätzlich auszuschalten sein.

Zusammenfassend würde danach über die für die behördlichen Kassen zweckmäßigste Zahlungsform zu sagen sein:

Der Barzahlungsverkehr ist im allgemeinen abzulehnen. Die Scheckzahlungen sind zwar für den Zahlungspflichtigen bequem und die billigste Zahlungsform, verursachen aber den behördlichen Kassen Unkosten und wären demnach möglichst einzuschränken. Im Zahlungsverkehr mit dem Publikum und den privaten Geldinstituten ist also die Zahlung im Überweisungswege über Postscheck oder Bank die wirtschaftlichste; im Zahlungsverkehr der Behörden untereinander, also im innerdienstlichen Kassenverkehr dagegen nur dann, wenn keine Aufrechnung von Gegenforderungen jeweils möglich ist. Wie bereits auf Seite 31 näher ausgeführt ist, wird der Ausgleich von Schuld und Forderung der behördlichen Kassen untereinander zuerst im Wege des Buchausgleichs über eine

[1]) Über die bei der Post entstehende Mehrarbeit und deren Wirkung auf die Erhöhung der Selbstkosten vgl. die Ausführungen auf S. 74ff.

Zentralabrechnungsstelle vorgenommen werden können. Diese Zahlungsform ist, da es sich um ein reines Clearingverfahren handelt, für den inneren Kassenverkehr die zweckmäßigste Form. Solange die zur Durchführung eines solchen allgemeinen Buchausgleichs erforderliche Abrechnungsstelle noch nicht genügend ausgebaut ist, bleibt auch im inneren Zahlungsverkehr der Überweisungsweg über Postscheck oder Bank der geeignetste.

Die Kosten der einzelnen Zahlungswege über private Geldinstitute spielen für die Reichsverwaltung keine Rolle, da der Fiskus als Empfänger die Beträge kostenlos erhält und als Zahlungspflichtiger die Auszahlungen in der Hauptsache über Reichsbankgiro und Post leitet. Die an die Reichsbank und Post zu leistenden Gebühren für die Vermittlung der Zahlungen sind Reichseinnahmen, die aus diesem Institut, obgleich es wirtschaftlich selbständig ist, als Reingewinn dem Reichsfiskus letzten Endes wieder zufließen.

c) Die Förderung der bargeldlosen Zahlungsform im praktischen Kassendienst.

1. Einnahmedienst.

Man wird den Einnahmedienst einer behördlichen Kasse nur dann im vollen Umfange bargeldlos ausführen können, wenn man die Empfangsstellen ihrer Eigenschaft als Kasse entkleidet und den Zahlungspflichtigen veranlaßt, die Einzahlungen lediglich auf das Konto der betr. Reichsstelle bei einem privaten Geldinstitut zu leisten. Eine derart durchgreifende, gewissermaßen zwangsweise herbeigeführte bargeldlose Zahlungsform wird sich indessen nur bei solchen Kassen einrichten lassen, die lediglich dem inneren behördlichen Zahlungsverkehr dienen und nicht den Charakter sogenannter Verkehrskassen tragen (vgl. S. 26).

Zu den dem reinen Verwaltungsdienst dienenden Einnahmestellen gehören nun als wichtigste die Kassen der Reichsabgabenverwaltung, die Finanzkassen. Da es sich bei den Steuereinnahmen nicht um ein Entgelt für unmittelbar voraufgegangene Leistungen handelt, sondern um Zahlungsverpflichtungen, die einseitig auf Grund von Gesetzen und Tarifen zu entrichten sind, kurz um eine Bringschuld, würde allgemein die Einzahlung von Steuerbeträgen und ähnlicher Anfälle in bargeldloser Zahlungsform erfolgen können, d. h. man würde bei den behördlichen Kassen den Barverkehr aufheben, die Einzahlungen grundsätzlich unter Zuhilfenahme der für den Geldverkehr berufsmäßig tätigen Bank- und Privatkassenorganisationen vornehmen lassen und die Zuführung der Einnahme von diesen Stellen auf die empfangsberechtigte Behörde im bargeldlosen Überweisungsverkehr ausführen können. In welcher Form eine solche zentrale Vereinnahmungsmethode, die also die Tätigkeit der Einziehung auf andere als behördliche Stellen überträgt und den behördlichen Stellen lediglich die Abrechnung mit den Einnahmestellen und die Überwachung der Haushaltbuchungen überläßt, im einzelnen durchführbar ist, wird im Abschnitt C in der Erörterung über den Kassengroßbetrieb dargestellt werden.

In allen Fällen, in denen auch künftig im gewissen Umfange der Barverkehr aus der Natur der Geschäftstätigkeit heraus bestehen bleiben muß, wie z. B. bei den Zollkassen, den Hebestellen für Schiffahrtsabgaben (die also zu den Verkehrskassen zu rechnen sind), wäre zu überlegen, auf welches Mindestmaß der Barverkehr herabgedrückt werden könnte. Zunächst läßt sich ein großer Teil der Barzahlungen in bargeldlose Zahlungen umformen, wenn den Zahlungspflichtigen die Beträge im Augenblick der Fälligkeit gestundet würden und die Begleichung der gestundeten Schuldbeträge alsdann bargeldlos geschähe.

Überall da, wo also die Zahlung zunächst gestundet wird, also eine Begleichung der Schuld nicht unmittelbar auf die Leistung eintritt, ist weiterhin zu vermeiden, die Schuldbeträge bei der lokalen Kasse zu entrichten. Vielmehr wird der Zahlungspflichtige zu veranlassen sein, die Zahlung entweder bei der zuständigen Provinzialkasse oder unmittelbar bei der Zentralkasse, nämlich der Reichshauptkasse, vorzunehmen, sobald diese zur Verrechnung der Einzelzahlungen mit dem notwendigen technischen Apparat ausgerüstet sein wird.

Es kommt also im lokalen Zahlungsverkehr darauf an, Zahlungen, die ihrer Natur nach nicht anders als in bar bei den behördlichen Kassen zu entrichten sind, trotzdem so zu gestalten, daß sie die Vorteile des bargeldlosen Zahlungsverkehrs gewähren.

Im Güterkassendienst der Reichsbahn war eine Methode üblich, die eine solche Einnahmeverrechnung in einfacher Form durchführte. Die im Eisenbahngüterverkehr gestundeten Frachtbeträge wurden von bestimmten Stundungsnehmern am Tage der Fälligkeit unmittelbar bei der Hauptkasse der betreffenden Reichsbahndirektion im Überweisungswege eingezahlt. Am gleichen Fälligkeitstage stellte die Kasse eine fiktive Quittung über den Stundungsbetrag aus und rechnete diese als geldwerten Beleg der Hauptkasse an. Durch diese Anrechnung hatte die betreffende Güterkasse bei sich den Stundungsbetrag gedeckt. Die Hauptkasse behandelte die Quittung gleichfalls als Geldwert, brachte den Betrag als Barablieferung der Güterkasse gut und deckte sich selbst aus dem Vorschußkonto. Auf diesem Konto wurde alsdann der Eingang der Stundungszahlung überwacht. Dieses Verfahren ließ sich natürlich nur im Verkehr mit solchen Zahlungspflichtigen durchführen, die eine Gewähr für pünktliche Einzahlung boten, blieb also nur auf bestimmte Stundungsnehmer beschränkt.

Durch diese fiktive Zahlungs- und Ablieferungsmethode kann der Einnahmedienst bei den Lokalkassen im wesentlichen verbessert werden. Diese übertragen somit in einfacher Form die Einziehung des Betrages, also die reine Zahlungstätigkeit, unmittelbar auf ihre Hauptkasse und überlassen ihr damit alle Arbeiten, die auch sonst mit dem Zahlungsdienst verbunden sind. Im Kassendienst der Reichsverwaltung läßt sich diese Methode allgemein bei der Stundung von Zahlungsleistungen insbesondere im Zollabfertigungsdienst und überall da anwenden, wo einmalige Einnahmen entstehen, die aus rechnungstechnischen Gründen bei den Lokalkassen im einzelnen nachgewiesen werden müssen, deren tatsächliche Vereinnahmung aber an anderer Stelle geschehen kann.

Neuerdings hat die Reichsbahn eine andere Form der Einziehung gestundeter Zahlungen (hauptsächlich Frachten) eingeführt. Alle Frachtstundungsnehmer haben obligatorisch bei der Verkehrs- und Kreditbank A.-G. oder deren Zweigniederlassungen im Betrage ihres halbmonatlichen Frachtaufkommens eine Sicherheit zu hinterlegen, in deren Höhe die Bank dem Stundungsnehmer ein sogenanntes Anweisungsheft aushändigt. Das Anweisungsheft enthält mehrere Blankoanweisungen. Der Stundungsnehmer fertigt bei Zahlung seiner Fracht eine Anweisung in der jeweils erforderlichen Höhe aus und gibt die Anweisung bei der Güterkasse in Zahlung. Die Anweisung hat die Bedeutung eines bestätigten Verrechnungsschecks. Die Güterkasse sendet die einzelnen Anweisungen periodisch an die Bank oder Zweigstelle ein, die alsdann die Einziehung der Beträge von den Frachtstundungsnehmern veranlaßt und die Beträge der Reichsbahn gutschreibt.

Das Verfahren hat den Vorteil, daß der Stundungsnehmer für alle seine Zahlungsverpflichtungen nur eine Sicherheit zu hinterlegen hat und die Anweisungen freizügig bei allen Eisenbahnkassen verwenden kann. Auch kann er gegebenenfalls für andere Frachtstundungsnehmer Zahlung leisten. Die Lokalkasse (Güterkasse) wird von allen Schwierigkeiten befreit, die die kassenmäßige Führung zahlreicher Stundungskonten verursacht.

Ein ähnliches Verfahren wäre auch für die Zollkassen empfehlenswert, bei denen die Stundung von Zöllen und Verbrauchssteuern besonders umfangreich und umständlich ist. Banktechnisch wäre es durchaus möglich, auch für die Verrechnung der gestundeten Zolleinnahmen die Verkehrs- und Kreditbank zu benutzen, ebenso kann aber auch jede andere Privatbankorganisation mit größerem Filialnetz herangezogen werden. Der Einnahmedienst der Zollkassen würde sich dadurch wesentlich vereinfachen.

2. Ausgabedienst.

Der Ausgabedienst der Reichskassen zerfällt in Personalausgaben und sachliche Ausgaben.

a) Die Personalausgaben. Nach den im Reichshaushalt für 1925 für die Zahlung der Gehälter und Löhne vorgesehenen Beträgen werden jährlich insgesamt 662 341 793 RM. an die einzelnen Zahlungsempfänger verausgabt. Zu diesen Beträgen treten die Summen, die aus dem allgemeinen Pensionsfonds an die Pensionäre und Rentenempfänger zu entrichten sind, in Höhe von 1 202 220 778 RM. Insgesamt handelt es sich also um einen Monatsbetrag von 155 380 214 RM., der allmonatlich an 237 844 Beamte und Arbeiter und an mehr als 1 100 000 Versorgungsberechtigte verteilt wird.

Wenn auch, abgesehen von den Versorgungsberechtigten, die Aufwendungen für die Beamten und Lohnempfänger des Reiches im Verhältnis zu den Aufwendungen für die übrigen bei Post und Eisenbahn, in den Länder- und Kommunalverwaltungen noch vorhandenen festbesoldeten Zahlungsempfänger verhältnismäßig gering sind, so sind die Grundsätze für die Zahlung der Gebührnisse, die hier einer Erörterung unterzogen werden, dennoch gleichmäßig anwendbar und von gleicher Bedeutung für alle Zahlungsfälle dieser Art.

Für die Auszahlung der persönlichen Gebührnisse kommen zwei Formen in Frage:

1. die Barzahlung durch eigene oder fremde Kassenorgane,
2. die Überweisung auf Privatkonten der Zahlungsempfänger.

Die Barzahlung der persönlichen Ausgaben. Die allgemein übliche und unter den gegenwärtigen hauswirtschaftlichen Verhältnissen beliebteste Zahlungsform ist die Barzahlung. Die Menge der Zahlungsempfänger benötigt die ihnen monatlich zustehenden Bezüge zu Anfang des Monats zu größeren Zahlungen, die eine andere Zahlungsform als die Barzahlung nicht zweckmäßig erscheinen lassen. Die Mehrzahl der Zahlungsempfänger hat die bis in die Inflationszeit hinein allgemein benutzten Privatkonten bei Banken und Sparkassen aus diesem Grunde wieder aufgegeben, da die auf Konto stehenden Beträge zu Geldgeschäften seitens der Beamten und Angestellten (wie etwa zu Effektenspekulationen) ohnehin nicht mehr benutzt werden. Indessen ist die bare Auszahlung der persönlichen Gebührnisse volkswirtschaftlich von starkem Nachteil. Die an den einzelnen Zahlungsterminen verausgabten Summen zerfließen im Augenblick in zahllose kleine Beträge und haben in den Taschen ihrer Empfänger nicht mehr die Kapitalkraft, die sie bis dahin in der Hand der Banken und sonstigen Geldinstitute hatten. Es kommt daher darauf an, die Barzahlung einzuschränken oder gänzlich zu vermeiden, um einen möglichst großen Teil der monatlich fälligen Zahlungen noch eine Zeitlang in der Hand der Geldinstitute zu belassen. Auch für den Zahlungsempfänger selbst wird es immerhin von erzieherischem Wert sein, wenn ihm die Gebührnisse nicht in voller Höhe in die Hand gegeben werden.

Soll die Barzahlung vermieden werden, so ist es notwendig, dem Zahlungsempfänger die Bezüge für möglichst lange Zeiträume und somit in größeren Summen auf Konten zu überweisen. Es wird daher die bargeldlose Auszahlung der Personalausgaben erst dann ernstlich in Erwägung gezogen werden können, wenn zur vierteljährlichen Gehaltszahlung zurückgekehrt sein wird[1]). Daraus ergibt sich, daß die bargeldlose Auszahlung der Personalausgaben nur für größere Beträge in Frage kommt, daß demgegenüber alle Lohnzahlungen, die stets für kürzere Zeiträume und daher in verhältnismäßig kleinen Beträgen gezahlt werden, in bar zur Auszahlung gelangen. Es werden danach alle Beamten, die künftig ihre Bezüge in vierteljährlichen Beträgen erhalten, und solche Angestellten und Lohnempfänger, deren jeweilige Bezüge mindestens so hoch sind wie das Vierteljahrsgehalt eines Beamten der Gruppe I, zu verpflichten sein, ein Bank-, Sparkassen- oder Postscheckkonto zu halten, auf das die Gehaltsbezüge überwiesen werden können.

Die Pensionszahlungen, die entweder monatlich oder in vierteljährlichen Beträgen zur Auszahlung gelangen, werden, wie das zum Teil schon jetzt üblich ist, zweckmäßig durch Post-Auszahlungsschecke an die Empfänger gezahlt. Bei der Auszahlung der Renten ist indessen zu unterscheiden zwischen den Rentenempfängern auf Grund der Zivilgesetzgebung einerseits und den Kriegsversorgungsberechtigten anderseits. Bei ersteren läßt sich das gleiche Verfahren wie bei der Pensionsauszahlung anwenden. Die Bezüge für die Kriegsversorgungsberechtigten dagegen gelangen an den Postschaltern zur Auszahlung, und zwar allgemein in bar, wenn nicht in besonderen Fällen Überweisungen gewünscht werden. Zu diesem Verfahren, das sich bewährt hat, sind keine Verbesserungsvorschläge zu machen.

Die Löhne werden grundsätzlich bar zu zahlen sein, sofern nicht einzelne Lohnempfänger die Überweisung auf ein Konto ausdrücklich beantragen oder mit Rücksicht auf besonders hohe Lohn-

[1]) Die vierteljährliche oder zweimonatliche Gehaltszahlung ist bereits durch Gesetz vom 25. 3. 1925 (RGBl. I S. 30) in Aussicht genommen.

bezüge (etwa in Höhe eines Vierteljahrsgehalts der Gruppe I) die Überweisung auf Konto vorgeschrieben ist. Da indessen die meisten Lohnzahlungen nicht in der Kasse selbst, sondern auf den Dienststellen zur Auszahlung gelangen, entstehen Schwierigkeiten bei der Aufbewahrung nicht rechtzeitig abgehobener Lohnbeträge. Man wird diese Restbeträge den betreffenden Lohnempfängern auf deren Kosten am einfachsten durch die Post zustellen.

Es soll nicht verkannt werden, daß die vorstehend in Vorschlag gebrachten Verbesserungen der Zahlungsmethoden gewisse Schwierigkeiten zur Folge haben. Zunächst wird die Überweisung aller Beamtengehälter an zahlreiche Banken und Kontostellen eine nicht unwesentliche Schreibarbeit verursachen. Man wird eine gewisse Beschränkung in der Zulassung der Geldinstitute beachten müssen; schließlich kann auch ein Ausweg dahin gefunden werden, daß grundsätzlich alle Beamtengehälter zunächst auf Postscheck überwiesen werden. Von da aus kann der einzelne Zahlungsempfänger alsdann eine weitere Überweisung auf das ihm genehme Konto verfügen.

In einzelnen süddeutschen Verwaltungen sind schon jetzt die Beamten gezwungen, ihr Gehalt auf Konto zu empfangen. Es wird auch bei der allgemeinen Regelung dieser Frage nicht ohne Druck auf die Beamtenschaft abgehen.

Eine weitere Schwierigkeit entsteht dadurch, daß die aktiven Beamten meist genötigt sein werden, die Abhebung von ihren Konten im Laufe des Monats während der Dienststunden vorzunehmen.

Um hier unnötige Entfernungen aus den Dienstgebäuden zu vermeiden, sind s. Z. die sogenannten Beamtenschecke zugelassen worden. Nach diesem Verfahren kann jeder Beamte die aus seinem Privatkonto zu entnehmenden Beträge gegen Hingabe seines Schecks bei der Kasse seiner Dienststelle abheben, die alsdann ihrerseits den Scheck bei der bezogenen Bank honorieren läßt. Durch diese Zahlungsform wird der Reichsfiskus gezwungen, einen großen Teil der Beamtenbezüge für einige Tage nochmals vorschußweise zu zahlen. Dieses äußerst unwirtschaftliche Verfahren wird, soweit es nicht schon allgemein abgeschafft ist, künftig beseitigt werden müssen. Bei einigen Verwaltungsstellen, so z. B. bei den Reichsbahndirektionen und der Hauptverwaltung der Deutschen Reichsbahn-Gesellschaft, haben die Spar- und Darlehnskassen der Eisenbahnbediensteten und die Verkehrsbank für diejenigen Bediensteten, die bei ihnen ein Konto unterhalten, in den Verwaltungsgebäuden besondere Zahlstellen eingerichtet, in denen zu bestimmten Tageszeiten in einfachster Form von den Kontoinhabern Beträge entnommen werden können. Ähnliche Einrichtungen empfehlen sich für Verwaltungsstellen mit großem Personalbestand, sofern besondere Spar- und Darlehnskassen bestehen.

β) Die sachlichen Ausgaben. Die bei den behördlichen Kassen zu leistenden sachlichen Ausgaben sind dreierlei Art. Einmal handelt es sich um die Bezahlung von Kostenrechnungen, die auf Grund von Leistungen und Lieferungen entstehen, zweitens kommt Rückzahlung von zuviel gezahlten Beträgen, z. B. von Steuerbeträgen, hinterlegten Beträgen u. dgl. in Frage, und drittens sind kleinere Beträge für die Bezahlung der täglichen Geschäftsbedürfnisse auszugeben. Was die erstere Art der Zahlungsleistungen anbetrifft, so handelt es sich hier zumeist um größere Beträge, die an solche Empfänger gehen, die fast durchweg Bank- oder Postscheckkonten besitzen. Es wird daher die Leistung an solche Zahlungsempfänger grundsätzlich bargeldlos ausgeführt werden können. Alle Lieferer und Arbeitsleistenden werden daher bei der Vergebung der Aufträge ohne weiteres vertraglich zu verpflichten sein, die geldliche Gegenleistung im bargeldlosen Wege durch Überweisung auf Konto entgegenzunehmen. Ebenso werden die Rückzahlungen zuviel gezahlter Beträge in gleicher Weise entweder auf Konto oder durch Auszahlungsscheck im Postscheckverfahren dem Zahlungsempfänger kostenlos zugestellt werden können. Anders verhält es sich allerdings mit der Bezahlung der kleineren Geschäftsbedürfnisse. Da es sich in diesem Fall jedoch nur um kleinere Beträge handelt, wären sie grundsätzlich aus dem jeder Dienststelle zugewiesenen Handvorschuß zu entrichten, und der Verbrauch dieser Mittel der zuständigen rechnungslegenden Kasse in einfacher Form nachzuweisen.

3. Die Versorgung der Kasse und Dienststellen mit Betriebsmitteln.

In den beiden vorangehenden Abschnitten sind die Wege näher beschrieben, die zu einer Verbesserung der Zahlungsmethoden im Einnahme- und Ausgabegeschäft, also im Zahlungsverkehr mit den Zahlungspflichtigen und Zahlungsempfängern, führen würden. Es ist nun weiterhin zu untersuchen, in welcher Form der innere Zahlungsverkehr, also der Geldaustausch der neben- und übergeordneten Kassen untereinander, in zweckmäßiger Weise gestaltet werden kann.

a) Allgemeines. Das in der Reichsverwaltung im weitesten Umfang zur Zeit noch dezentralisierte Auszahlungsgeschäft bedingt eine lebhafte Bewegung von Zahlungsmitteln innerhalb des behördlichen Kassenapparates. Der kassentechnische Grundsatz, daß die örtlichen Einnahmen sofort zur Begleichung der Ausgaben zu verwenden sind, ist zwar naheliegend und vom wirtschaftlichen Standpunkte aus betrachtet auch zweckmäßig, er ist aber nur da vertretbar, wo aus laufenden Einnahmen auch ständig laufende Ausgaben gedeckt werden können. In allen anderen Fällen, wo zur Bestreitung von Ausgaben Einnahmebeträge erst angesammelt werden müssen, ist das Verfahren von vornherein unwirtschaftlich und unzweckmäßig. Abgesehen von den bei den einzelnen Dienststellen zu haltenden Handvorschüssen zur Bestreitung der laufenden kleineren Geschäftsbedürfnisse muß es selbst für die kleinsten Kassen als Grundsatz gelten, allen Geldvorrat niemals bei der Kasse selbst, sondern bei den beruflichen Geldinstituten niederzulegen, d. h. alle Einnahmen müssen unverzüglich zur Ablieferung gelangen. Nun kommt es allerdings auf die für die einzelnen Kassen bestehenden Bankverbindungen an, ob der Weg des baren Geldes zur Zentrale und der Weg umgekehrt von der Zentralkasse zur zahlenden Kasse derart lang ist, daß die Ansammlung von Geldbeträgen während mehrerer Tage als wirtschaftlich angesprochen werden kann. Wenn auch in diesem Fall ein geringer geldlicher Vorteil für die Verwaltung errechnet werden sollte, so ist andererseits vom währungs- und kreditpolitischen Standpunkt aus betrachtet jede Zuführung von Barmitteln zu den öffentlichen oder privaten Geldinstituten von volkswirtschaftlichem Vorteil. Da die Reichsverwaltung an solchen Erwägungen nicht vorübergehen darf, und im allgemeinen die wirtschaftlichen und währungspolitischen Belange vor einzelne kleinere geldliche Vorteile stellen muß, wird es grundsätzlich richtig sein, jede Sammlung von Barbeträgen in den behördlichen Kassen zu vermeiden, und den Bedarf an Geldmitteln von Fall zu Fall stets bei den beruflichen Geldinstituten unmittelbar zu decken.

Die Geldversorgung der behördlichen Kassen wird also grundsätzlich unmittelbar aus der Reichsbank und im gewissen Umfange da, wo es die örtlichen Verhältnisse gebieten, aus Privatbanken und durch die Post erfolgen müssen. Es ist nun die Frage, in welcher Form die Überweisung dieser Beträge aus der Zentralkasse (der Reichshauptkasse) den Bedarfsstellen zugeführt werden soll, in welchem Umfange die Oberkassen bei diesem Verfahren mitwirken, und in welcher Weise sie zur Vereinfachung und Verkürzung der Zahlungswege ausgeschaltet werden können.

β) Die einzelnen Übertragungsmethoden. Bei der Zuweisung von Betriebsmitteln ist zu unterscheiden zwischen solchen, die zur Verstärkung der Konten der einzelnen Zahlung leistenden Kassen dienen und solchen Überweisungen, die den örtlichen Zahlungsstellen zur Auszahlung in bar zugewiesen werden müssen.

Im ersteren Falle wird die Verstärkung der Konten entweder unmittelbar durch grüne Schecke aus dem Guthaben der Reichshauptkasse bei der Reichsbank und deren Filialen vorgenommen werden können. Da jedoch ein großer Teil der zahlenden Kassen nicht unmittelbar durch Ausfertigung grüner Schecke die eigenen Konten verstärken kann, wird die vorgesetzte Oberkasse die Konten der Lokalkassen aus eigenen Mitteln durch Überweisung auffüllen. Durch diese Methode werden nicht unbeträchtliche Geldmengen oft mehrere Tage durch den Überweisungsweg gebunden.

Es ist daher richtiger, sämtliche Kassen, die Zahlungsgeschäfte vornehmen müssen, grundsätzlich dem grünen Scheckverfahren anzuschließen, d. h. die Genehmigung zu erteilen, die eigenen Bestände unmittelbar aus dem Konto der Reichshauptkasse zu verstärken. Selbstverständlich muß die Anzahl der mit dieser Berechtigung ausgestatteten Kassen auf solche beschränkt bleiben, bei denen ein Mißbrauch der Mittelbeschaffung ausgeschlossen ist. Es kann deshalb diese Regelung nur in Verbindung mit der Zentralisierung der Zahlungstätigkeit bei bestimmten rechnunglegenden Kassen durchgeführt werden. Obgleich die Organisation der Reichsbank mit ihren 445 Zweiganstalten fast an allen Sitzen der Reichsbehörden vertreten ist, kann doch im einzelnen die räumliche Entfernung es geraten erscheinen lassen, Privatbanken sowohl zur Ablieferung der Barbeträge auf die Reichsbank als auch zur Entnahme von Vorschüssen heranzuziehen. Sofern hierdurch besondere Vorteile für die behördliche Kassenverwaltung entstehen, wird gegen diese Methode nichts einzuwenden sein. Auch hier kommt es darauf an, die aus den reichsbehördlichen Kassen fließenden Guthaben über die Kasse der Privatbanken und der Reichsbank zur Reichshauptkasse zu leiten, um die Gelder so möglichst in der Hand der berufsmäßigen Geldinstitute zu belassen.

Als zweite Geldversorgung für die reichsbehördlichen Dienststellen wird künftig die Post in weit größerem Umfange herangezogen werden müssen, als das bisher der Fall war. Zur Zeit (März 1925) fließen auf dem Postscheckkonto der Reichshauptkasse mehr Gelder zusammen, als die Reichshauptkasse regelmäßig zur Ausführung ihrer Postschecküberweisungen bedarf. Es sind deshalb stets größere Übertragungen auf das Reichsbankgirokonto nötig. Wenn auch die an die Post zu zahlenden Gebühren keine wirklichen Ausgaben für den Reichsfiskus darstellen (vgl. S. 75), so werden sich, weniger zur Ersparung der Übertragungsgebühren als vielmehr zum Zwecke eines vereinfachten Geldumlaufes, doch Wege finden lassen, die ein Anwachsen der Postscheckguthaben der Reichshauptkasse stark einschränken.

Zunächst sei daran erinnert, daß die Postkassen den größten Teil der Versorgungsgebührnisse im Auftrage der Versorgungskassen zahlen. Die Gelder hierzu erhält in vielen Fällen die Versorgungskasse von den Finanz- und Oberfinanzkassen. Sie lassen sich die Beträge auf ihre Bank — oder Postscheckkonten überweisen. Aus diesen Konten zahlen die Versorgungskassen alsdann an die Postkasse die verauslagten Beträge zurück. Die Geldversorgung über die Finanz- und Oberfinanzkassen ist an sich schon umständlich; deshalb erscheint es besonders unzweckmäßig, die den Postkassen zu ersetzenden Beträge auf demselben Wege diesen zuzuführen. Wenn die Post bereits im Besitz von Reichsgeldern ist, anderseits Gelder in größerem Umfange den Reichsdienststellen kreditiert, so ist es zweckmäßig, den Zahlungsausgleich in einer geeigneteren Form durch gegenseitige Aufrechnung herbeizuführen. Zum mindesten läßt sich die Forderung der Post gegen die Versorgungskassen in einfacher Weise auf dem Postscheckkonto der Reichshauptkasse ausgleichen, das ohnehin über höhere Beträge verfügt, während die Reichshauptkasse ihrerseits die Vorschüsse mit der Reichsarbeitskasse oder unmittelbar mit den Versorgungskassen verrechnet.

Zur Geldversorgung der kleinen und kleinsten Dienststellen, die ständig einen geringeren Bestand an Barmitteln halten werden, und die periodisch Gehälter und Löhne zu zahlen haben, reichen natürlich die Zahlstellen der Reichsbank nicht aus. Schon deswegen nicht, weil es nach den üblichen Methoden nicht möglich ist, die kleineren Dienststellen, die keine Kasseneinrichtungen besitzen, unmittelbar aus den Kassen der Reichsbankstellen zu versorgen. Für diese Dienststellen ist, wenn man Bargeldsendungen vermeiden will, die einzig mögliche und praktische Versorgungsquelle die Post.

Nach den bisherigen Methoden wäre die Geldversorgung dieser Dienststellen mit Hilfe der Post nur insofern durchführbar, als die zuständige Lokalkasse den Bedarfsstellen die Barmittel durch Auszahlungsschecke bar auszahlen ließe, oder die Bedarfsstellen mit einem Postscheckkonto auszurüsten wären, aus dem sie ihren Bedarf an Geldmitteln durch Barabhebung zu decken hätten. Es wäre in diesem Falle Sache der versorgenden Lokalkasse, diese zahlreichen Postscheckkonten stets ausreichend zu unterhalten.

Eine solche Zahlungsmethode würde indessen im Widerspruch stehen mit den Bestrebungen, die dahin gehen, gerade die Kontenhaltung der behördlichen Kassen und Dienststellen auf das notwendigste Mindestmaß zu beschränken. Es ist daher im Zusammenhange mit der Versorgung der kleinen und kleinsten Dienststellen, also derjenigen Stellen, die keine Kasseneinrichtungen mehr besitzen und lediglich als Zahlstellen anzusehen sind, eine besondere Organisation zu schaffen, die gewissermaßen als Ergänzung neben der

Organisation der Reichsbank einzurichten wäre und lediglich der Bargeldversorgung zu dienen hätte.

Die Organisation wäre in folgender Weise zu denken:

Die einzelnen Dienststellen sind einer rechnungslegenden Kasse angeschlossen, in deren Auftrage also die Dienststellen die Gehälter, Löhne und sonstigen Gebührnisse zu zahlen haben, und mit der sie ihre Vorschüsse zur Bestreitung der kleineren Geschäftsbedürfnisse abzurechnen haben. Die für diese Auftragszahlungen benötigten Mittel entnimmt die Dienststelle gegen Vorlage eines besonderen farbigen Schecks, den sie selbst im Auftrage der zuständigen Lokalkasse ausfertigt, unmittelbar aus dem Postscheckkonto der Reichshauptkasse bei dem für die Dienststelle zuständigen Postamt. Das Postamt zahlt bei Sicht den Betrag in bar und gibt den Scheck zur Gutschrift auf das Postscheckkonto der Generalpostkasse an das zuständige Postscheckamt. Dieses belastet das Postscheckkonto der Reichshauptkasse. Der Zahlungsausgleich zwischen der Lokalkasse und der Reichshauptkasse wird durch Buchausgleich[1]) zwischen den Konten der Lokal- und Provinzialkassen bei der Reichshauptkasse selbst durchgeführt.

Die Schwierigkeit des Verfahrens liegt aber in der Neuheit des Abhebungsmodus, der dem sogenannten grünen Scheckverfahren ähnlich ist. Hier wie dort verfügt ein anderer als der Kontoinhaber über das Kontoguthaben. Die nicht zu verkennende Gefahr von Veruntreuungen und Überschreitungen in der Abhebung kann durch die Beibehaltung des sogenannten Kreditbriefverfahrens vermieden werden. Wenn der abhebenden Stelle durch besondere Anweisung die Höhe ihres Bedarfes rationiert wird, können ungewöhnlich hohe Veruntreuungen natürlich nicht eintreten. Da die einzelne Dienststelle den Abhebungsscheck im Auftrage ihrer zuständigen Lokalkasse oder Oberkasse ausfertigt oder diesen Scheck ausgefertigt von der Kasse erhält, hat die Reichshauptkasse lediglich mit diesen zuständigen Kassen zu verrechnen. Die Reichshauptkasse wird also nur mit den ihr angeschlossenen Lokal- oder Oberkassen zu verkehren haben. Der Vorteil des Verfahrens liegt darin, daß alle Postscheckkonten der Dienststellen fortfallen. Die Dienststellen unterhalten höchstenfalls Bürokassen und arbeiten mit Handvorschüssen.

III. Vereinfachung des Aufbaues des Kassenapparates der Reichsverwaltung.

Wie bereits in dem allgemeinen Leitgedanken zur Kassenreform (S. 23f) ausgeführt wurde, ist die Vereinfachung des Kassenapparates,

[1]) Vgl. S. 31 und 39f.

also seine Zurückführung auf das geringste Maß von Kassenstellen, unmittelbar abhängig von dem Grad der Ausdehnung, den der bargeldlose Zahlungsverkehr jeweils erreicht hat. Die Vorschläge, die im vorangehenden Abschnitt über die Erweiterungsmöglichkeiten der bargeldlosen Zahlungsform im behördlichen Zahlungsverkehr gemacht worden sind, zielen auf eine zentral gerichtete, geldlose Abwicklung des Zahlungsgeschäftes hin und berühren demnach auch die Struktur des Kassenapparates, indem sie letzten Endes auch den Umfang seiner Vereinfachung bestimmen.

1. Je mehr das Bargeld aus den Kassen verschwindet und die Zahlungsformen sich den bargeldersparenden und bargeldlosen Methoden anpassen, um so weitgreifender kann die Zusammenlegung der Kassen zu Zentralen als Träger des Zahlungsverkehrs durchgeführt werden. Nun ist allerdings nicht allein die Form des Zahlungsverkehrs für die Organisation des Kassenapparates maßgebend, vielmehr bestimmt auch die Form der Rechnungslegung den Aufbau und die Zusammenfassung der einzelnen Kassen; denn nicht allein die Ausführung des Zahlungsgeschäftes, sondern auch der Nachweis der Verwendung der Kassenbetriebsmittel ist nach dem kameralistischen System die Aufgabe der Kassenstellen.

Wieweit aber eine Zentralisation des Kassenbetriebes möglich ist, zeigt das Kassensystem der englischen Staatsverwaltung. Dort ist, wie bereits auf S. 25f. näher dargelegt, eine völlige Trennung des Zahlungsverkehrs von der Mittelverwaltung und der Anweisungstätigkeit durchgeführt; es ist gewissermaßen der Zahlungsverkehr entstaatlicht und auf die Bank von England und ihre Filialen übergegangen.

In Deutschland liegen nun die Verhältnisse wesentlich anders, so daß das englische Kassensystem nicht ohne weiteres auf die deutsche Reichsverwaltung übertragen werden kann. Die partikularistische Entwicklung der deutschen Staatsverwaltung ist auch bestimmend für die Kassenorganisation der Reichsverwaltung geworden. Zudem fehlen die für solch straffe Zentralisation notwendigen Voraussetzungen, nämlich die weitestgehende Entwicklung bargeldloser Zahlungsformen, noch in einem Maße, daß eine zentralistische Organisation des Zahlungsverkehrs nur in allmählicher Entwicklung erreicht werden kann.

Zwar hatte die Reichsbank nach § 22 des Bankgesetzes vom 17. 3. 1875 die Pflicht, die Kassengeschäfte des Reichs und unter Umständen auch die der Länder zu übernehmen; und Breit schrieb in seinem Kommentar zu § 22 des Bankgesetzes vom 1. 6. 1901:

„Zweifellos wird die Zukunft mehr und mehr eine vollständige Übertragung der gesamten Kassengeschäfte auf die Reichsbank bringen. Die deutsche Reichsbank ist berufen, in gleicher Weise zum Kassierer des Deutschen Reiches zu werden, wie dies die Bank von England für England ist. Der gegenwärtige Zustand erscheint sowohl in volkswirtschaftlicher als in technischer Hinsicht unvollkommen. Das Endziel der Entwicklung muß darauf gerichtet sein, die große Masse der für Rechnung des Reiches eingehenden Gelder in die Kassen der Reichsbank zu leiten und gleichzeitig das gesamte Rechnungswesen auf eine einheitliche, vom alten bürokratischen Zopf befreite Grundlage zu stellen."

Diese für die Entwicklung des Reichskassenwesens ausgesprochenen Hoffnungen haben sich jedoch nicht erfüllt. Die Reichsbank hat weder die Absicht, noch besitzt sie die Organisation, die notwendigen Funktionen des behördlichen Zahlungsverkehrs in größerem Umfange zu übernehmen. Es bleibt daher im Hinblick auf die Entwicklung des Kassenwesens in Deutschland nichts anderes übrig, als eine geeignete Arbeitsteilung zwischen den vorhandenen behördlichen Kassenapparaten einerseits und Post, Banken und sonstigen Geldinstituten andererseits durchzuführen. Die letzteren Institute werden also lediglich zur Zahlungsvermittlung herangezogen werden, während die eigentliche Kassenführung nach wie vor einer behördlichen Kassenorganisation obliegt, die allerdings in möglichst einfachem Aufbau ihren Aufgaben gerecht zu werden hätte.

Wie aus dem Überblick über die Organisation des gesamten Reichskassenapparates (S. 11) zu ersehen ist, entbehrt das Ganze eines einheitlichen Aufbaues. Man erkennt die selbständige Entwicklung der neueren Kassenorganisation (Reichsarbeitsministerium, Reichsverkehrsministerium usw.) und das Bestreben, sich möglichst unabhängig von der Zentralkasseninstanz, der Reichshauptkasse, zu halten. Durch die Zersplitterung des Apparates leidet natürlich der Ausbau und die Vervollständigung der fiskalischen Kasseneinheit. Je zahlreicher die Kassenstellen, um so langsamer ist der Zustrom der Einnahmen zur Reichshauptkasse, dem zentralen Sammelbecken des gesamten Reichsguthabens, um so größer wird auch die Menge Geld, die in den zahlreichen Ausgabekassen als Betriebsmittel gehalten werden muß. Die Reform des Kassenapparates muß also darauf gerichtet sein, das Prinzip der fiskalischen Kasseneinheit durchzusetzen, und die Zahl der Kassen selbst auf das Notwendigste zu verringern.

Der erste Schritt in dieser Richtung ist die Beseitigung der Kassen der obersten Reichsbehörden, die zum Teil auch die Rechnungslegung und die Abrechnung zwischen der Reichshauptkasse und den ihnen nachgeordneten Dienststellen vermitteln. Die jetzt den zentralen Ressortkassen obliegenden Buchhaltereigeschäfte wären der Reichshauptkasse zu übertragen, wie dies bereits vor dem Jahre 1920 der Fall war. Daß die Notwendigkeit zur Beibehaltung der zentralen Ressortkassen nicht besteht und mehr als eine Folge des sogenannten Ressortpatriotismus zu werten ist, ergibt sich ohne weiteres aus der Tatsache, daß die weitaus größeren Verwaltungszweige, nämlich die Reichsfinanzverwaltung und die Heeresverwaltung, solche Zentralkassen nicht besitzen und vielmehr deren Tätigkeit der Reichshauptkasse übertragen haben. Auf diese Weise würden die Legationskasse, die Reichsarbeitskasse und die Kasse des Reichsverkehrsministeriums zu einfachen Amtskassen oder auch Bürokassen gemacht werden. Alle die buchungstechnischen Schwierigkeiten, die zunächst dabei auftreten würden, können durch neue Buchungs- und Abrechnungsmethoden behoben werden. Doch soll diese Frage nicht weiter besprochen werden, da sie den Zahlungsverkehr, der hier zur Erörterung steht, nicht unmittelbar berührt.

Für die Kassen der obersten Reichsbehörden ohne nachgeordnete Kassen und die Kassen der Reichsmittelbehörden, soweit sie selbständig Rechnung legen, liegt im allgemeinen auch kein Anlaß zur Selbständigkeit vor. Die Buchführung und Rechnungslegung wird ohne Schwierigkeiten auf die Reichshauptkasse übertragen werden können. Auch hier wird durch eine geeignete Buchführungs- und Rechnungslegungsmethode die zentrale Aufarbeitung wesentlich vereinfacht werden können. All diese Kassen, die durchweg dem Bedürfnis einzelner Behörden dienen, können in einfache Bürokassen verwandelt werden, die, mit einem Handvorschuß ausgerüstet, als Zahlstellen der Reichshauptkasse die kleinen örtlichen Zahlungsgeschäfte erledigen.

Mit Wirkung vom 1. 4. 1925 ab hat der Reichsfinanzminister bereits eine Regelung in vorstehendem Sinne zunächst für die am Sitze der Reichshauptkasse vorhandenen Kassen der obersten Reichsbehörden ohne nachgeordnete Kassen und für die Kassen der Reichsmittelbehörden getroffen. Es ist zunächst hinsichtlich der Rechnungslegung der Zustand wieder hergestellt worden, wie er vor dem Jahre 1920 bestand. Mit Ausnahme der Legationskasse und der Kassen des R.Arb.M. u. R.Verk.M. geht die Rechnungslegung und damit auch die ihr dienende Buchhaltungstätigkeit aller in Berlin ansässigen Amtskassen der Reichsverwaltung auf die Reichshauptkasse über. Die Amtskassen werden damit lediglich zu Zahlstellen der Reichshauptkasse umgeformt und erhalten von dieser einen Handvorschuß, dessen Höhe je nach dem Bedarf dieser Zahlstelle im Benehmen mit dem Finanzminister festgesetzt wird. Die Zahlstellen führen ein einfaches Kassentagebuch, in welchem die Einnahmen und die Ausgaben kurz registriert werden. In bestimmten Zeitabschnitten liefern sie die gezahlten Ausgabebelege mit einfachen, nach den Titeln des Haushaltsplanes getrennten Zusammenstellungen an die Reichshauptkasse zurück. Zahlungen über 200 M. werden künftig grundsätzlich unmittelbar auf die Reichshauptkasse angewiesen und von dieser gezahlt. Entbehrliche, den Handvorschuß übersteigende Barmittel hat die Zahlstelle unverzüglich an die Reichshauptkasse abzuführen. In gewissen Fällen können die Zahlstellen auch ein Postscheckkonto führen.

Wenn den Kassen die Rechnungslegung genommen wird, sinkt ihre Bedeutung auf die der Lokal- und Bürokassen herab. Die kassentechnische Tätigkeit dieser darf aber alsdann nicht über ein gewisses Maß hinausgehen; sie muß vielmehr beschränkt bleiben auf die Zahlung der persönlichen Ausgaben, die kleineren Beträge für sachliche Ausgaben und auf die Verwaltung eines Handvorschusses, aus dem die notwendigsten Ausgaben bestritten werden. Je nach dem Umfange dieser Tätigkeit wird die Abrechnung mit der Zentralkasse, der Reichshauptkasse, so zu gestalten sein, daß das Rechnungswerk als vorbereitende Arbeit für die eigentliche Rechnungslegung selbst benutzt werden kann.

2. Von weitaus größerer Bedeutung für die Vereinfachung des Kassenbetriebes sind die Lokalkassen. In der Reichsverwaltung bestehen insgesamt etwa 3000 Lokalkassen und eine große Zahl von Hilfskassen und Tochterkassen. Die Hauptaufgabe dieser Kassen ist die örtliche Ausführung des Zahlungsverkehrs, also solcher Funktionen, die auch die berufsmäßigen Kasseninstitute (Post, Bank, Sparkassen) auszuführen zur Aufgabe haben. Nun ist, wie bereits erwähnt[1]), ein Unterschied zwischen den sog. Verkehrskassen (Zollkassen, Kanalkassen) und den reinen Verwaltungskassen (Finanzkassen, Versorgungskassen, Heereskassen) zu machen. Die Verringerung der Zahl der ersteren richtet sich nach dem Maß des Arbeitsanfalls und nach den örtlichen Bedürfnissen und ist eine Frage der Zweckmäßigkeit. Die Verringerung der Anzahl der lokalen Verwaltungskassen dagegen ist eine Frage der Organisation des Zahlungsverkehrs. In dem Maße, in dem es möglich ist, die Zahlungsfunktionen auf die beruflichen Kassenorganisationen (Post, Bank usw.) zu übertragen, vermindert sich die Daseinsberechtigung der Lokalkassen.

Bei den Lokalkassen des Reichsarbeitsministeriums ist bereits der weitaus größere Teil der Zahlungen den Postkassen und den Postscheckämtern zur Ausführung übertragen. Die Kassen haben deshalb nur einen geringen Barverkehr. Hier besteht ohne weiteres die Möglichkeit, die noch verbleibenden Barzahlungsgeschäfte anderen Lokalkassen zu übertragen oder sie zu sog. Einheitskassen zu vereinigen. Die Kassen der Heeresverwaltung sind der Organisation des Heeres

---

[1]) Siehe S. 26.

entsprechend in eine Reihe von Spezialkassen zerlegt, deren Zahl etwa 450 beträgt. Diese Kassen müssen eine gewisse Beweglichkeit, je nach der Art ihrer Aufgaben, behalten. Dennoch kann hier eine Vereinfachung, zum mindesten im Lokalverkehr, also in größeren Garnisonen, erreicht werden. Die Kassen sind im allgemeinen nur von geringem Geschäftsumfang; es liegen daher, vom verwaltungstechnischen Standpunkt aus gesehen, in der Verringerung der Kassenzahl keine besonderen Ersparnisse, da die mit der Kassenführung betrauten Kräfte auch andere Verwaltungsarbeiten mitverrichten. Dagegen wäre in rein geldwirtschaftlicher Hinsicht auch hier eine Verringerung der Bar- und Kontobestände anzustreben und demzufolge eine Stärkung des verfügbaren Gesamtreichsguthabens zu erreichen, wenn die Zahl der Kassen durch Einrichtung von Garnisoneinheitskassen verringert wird. Die Organisation der Heeresverwaltung ist jedoch noch jung, und es fehlt demnach an genügenden Erfahrungen über die Zweckmäßigkeit der Verwaltungsform, deshalb soll hier von konkreten Vorschlägen über die Umformung des Heereskassenwesens abgesehen werden.

Das Hauptgewicht der Organisationsänderung des Kassenaufbaues liegt bei den Kassen der Reichsfinanzverwaltung. Allerdings tragen die Kassen der Reichszollverwaltung den Charakter von Verkehrskassen und haben sich somit den Bedürfnissen des Verkehrs anzupassen; sie können in ihrer regionalen Gliederung wenig verändert werden und müssen im großen und ganzen in ihrer heutigen Anzahl und Gliederung bestehen bleiben. Sie scheiden danach für eine weitere Organisationsänderung einstweilen aus. Dagegen sind solche auf Vereinfachung gerichtete Organisationsänderungen in weitestem Umfange bei den Kassen der Reichsabgabenverwaltung denkbar.

Zur Zeit bestehen 989 Finanzkassen mit einem Gesamtpersonalbestand von etwa 20000 Kräften. Der Buchhaltungsdienst und die reine Zahlungstätigkeit dieser Kassen sind eng miteinander verknüpft, so daß die natürliche Ungleichmäßigkeit im Zahlungseingang sich auf die Buchhaltung überträgt und einen erheblich größeren Personalaufwand erfordert, als bei kontinuierlichem Betrieb nötig wäre.

Die Zahl der jährlichen Buchungen beträgt nach dem gegenwärtigen Zahlungsmodus im Gesamtfinanzkassendienst etwa 270 Millionen, die Anzahl der Buchhalter etwa 18000, die Jahresleistung danach, auf den einzelnen Buchhalter berechnet, 150000 Buchungen, durchschnittlich täglich also 50. Wenn man die Maximaltagesleistung auf 100 Buchungen berechnet, würden bei einer 8stündigen täglichen Arbeitszeit im Jahre nur 150 Arbeitstage auf die Buchhaltungstätigkeit entfallen, d. h. in den Kassen der Finanzämter befindet sich etwa 50 % Personal zuviel. Diese Tatsachen lassen erkennen, daß hier ein Mangel in der Arbeitsorganisation vorliegt. Wenn es gelingt, die Buchhaltungstätigkeit von der reinen Kassentätigkeit vollständig zu trennen, d. h. wenn die Revisionen der Barkasse unabhängig von der Buchhaltung geführt werden können, wird sich die Tätigkeit der Buchhalterei in größerem Maße ausgleichen und damit eine erhebliche Personalersparnis erreichen lassen. Die Vereinfachung des Kassenbetriebes wird daher in der Richtung der Trennung des Barbetriebes von der Buchhaltungstätigkeit zu suchen sein.

Die Trennung des Schalters von der Buchhaltung ließe sich auf zweierlei Weise erreichen, einmal unter Beibehaltung der gegenwärtigen Kassengliederung, indem innerhalb der Kasse selbst diese Trennung vorgenommen und die Prüfung und Kontrolle der Barkasse mit Hilfe geeigneter Methoden erreicht wird. Eine wesentliche Ersparnis und Verbesserung würde sich jedoch nicht ergeben, da die gesamte Kasseneinrichtung bestehen bliebe, und Vorteile auch für den Zahlungsverkehr nicht zu erwarten sind. Ein zweiter Weg zu diesem Ziele ist in meiner Schrift: „Die Umstellung des Kassenbetriebes der Finanzämter auf maschinelle Arbeitsmethoden[1]" vorgezeichnet. Nach dieser Methode ist die Trennung des reinen Zahlungsdienstes von den Finanzkassen so durchgeführt, daß das gesamte Zahlungsgeschäft in einer Zentralkasse konzentriert wird. Die Methodik ist im Abschnitt C näher ausgeführt. Die Finanzämter verlieren danach ihre Kassen und behalten zunächst noch die Buchhaltung, d. h. die Kontenführung zwecks Überwachung der Steuerschuld. Aber auch die Führung der Steuerkonten läßt sich in gewissem Umfang, etwa für den Bereich eines Landesfinanzamts, zentralisieren. Wenn auch diese Frage mit der Verbesserung des Zahlungsverkehrs unmittelbar nichts zu tun hat und über den Rahmen dieser Untersuchung hinausgeht, so sei in diesem Zusammenhange bemerkt, daß auch die Zentralisierung des Buchhaltungsdienstes eine erhebliche Kostenersparnis bringen kann, und somit für die Gesamtorganisation des Kassenapparates von größter Bedeutung zu werden scheint. Im Aufbau des Kassensystems der Reichsabgabenverwaltung würde danach die Gesamtheit der Finanzkassen als solche beseitigt sein und als rechnunglegende Kassen lediglich die Oberfinanzkassen bestehen. Auch diese verlieren ihre Eigenschaft als bargeldbewegende Kassen und können, wie die sonstigen Oberkassen der Reichsverwaltung, ihre Zahlungsgeschäfte lediglich im bargeldlosen Verkehr ausführen. Zur Zahlung von Gehältern und Löhnen, die in größtem Umfange bar an die Empfänger zu bringen sind, werden auch hier, wie überhaupt in der gesamten Reichs-

[1]) Erschienen bei Spaeth & Linde, Berlin 1924.

verwaltung, die Dienststellen als Zahlstellen tätig sein müssen, die den Bedarf an Barmitteln, den Vorschlägen unter II. 3 (S. 46 ff.) entsprechend, unmittelbar den künftigen Geldversorgungsstellen entnehmen.

IV. Die Verbesserung der Kassentechnik zur Erleichterung des Zahlungsverkehrs.

Die Untersuchung über die Reformmöglichkeiten des reichsbehördlichen Zahlungsverkehrs hat bisher die Verbesserung der Zahlungsmethoden und die Zurückführung des Kassenapparates auf eine möglichst geringe Anzahl von Betriebsstellen zum Gegenstand gehabt; sie ist zu dem Ergebnis gekommen, daß die Wirtschaftlichkeit der Kassenbetriebe steigt, je mehr diese ihre Tätigkeit zentralisieren und eine geeignete Arbeitsteilung zwischen der Zahlungstätigkeit an sich und der Buchführung finden. Die Verbesserungen aber führen notwendig zu einer Anhäufung zahlreicher gleichartiger und gleichgerichteter Arbeitsvorfälle, deren Bearbeitung nicht mehr in der bisher üblichen manuellen Arbeitsform wirtschaftlich ist. Es wird also gleichzeitig mit der Durchführung der beschriebenen Reform auch eine Verbesserung der Arbeitstechnik notwendig, durch die die zentralisierten Kassenbetriebe wirtschaftlich und in ihrem Arbeitsergebnis brauchbar gemacht werden müssen. Die für diese Zwecke vorhandenen bürotechnischen und maschinellen Hilfsmittel sind äußerst mannigfaltig. Es ist daher eine besonders schwierige Frage, aus dem reichen Angebot diejenigen Mittel auszuwählen, die den Erfordernissen der behördlichen Kassentechnik am besten gerecht werden, und die sich der Eigenart dieser Kassen am wirksamsten anpassen.

a) Die Vereinfachung der Buchhaltungsarbeiten.

Die Verbesserung der Kassentechnik erstreckt sich sowohl auf die Ausführung des Zahlungsgeschäftes als auch auf die Buchhaltungstätigkeit. Im Rahmen dieser Untersuchung interessiert die Verbesserung der Buchhaltungstätigkeit nur insoweit, als diese unmittelbar mit der Zahlungstätigkeit verbunden ist, wie beispielsweise bei den Finanzkassen. Das Ziel der Verbesserung der Buchhaltungstechnik ist auf die Verringerung der Zahl der Buchung ein und desselben Betrages gerichtet. Sie will allmählich den Grundsatz durchsetzen, daß jeder Zahlungsvorfall außer in der zeitlichen Buchung nur einmal in sachlicher Ordnung zu buchen und nachzuweisen ist, und daß diese Buchung zugleich auch der Rechnungslegung nutzbar gemacht werden kann.

Die Verbesserung der Arbeitsmethoden bei Ausführung des Zahlungsgeschäfts dagegen haben zum Ziel, den Barverkehr, soweit er noch besteht und einstweilen noch beibehalten werden muß, in höherem Maße zu sichern, und die durch die Ausdehnung des bargeldlosen Zahlungsverkehrs bedingten größeren Arbeitsanfälle mit Beschleunigung und geringstem Kostenaufwand zu bewältigen. Die gegenwärtigen Bestrebungen auf diesem Gebiete gehen dahin, die Kassentechnik zu verbessern, einmal durch Vereinfachungen und Vereinheitlichung der Kassenbücher, Vordrucke usw., also der reinen Formalien, und andererseits durch Verwendung maschineller Hilfsmittel.

Was die Vereinfachung der formalen Tätigkeit anbelangt, so lassen sich ohne Mühe Einheitskassenbücher, das Loseblattbuch, Karteien, Durchschreibeverfahren sowie die schwarz-rote oder Einspaltenbuchung, wie sie in einzelnen behördlichen Betrieben (Generalpostkasse, Reichsdruckerei usw.) bereits erprobt sind, einführen. In einigen württembergischen Rentämtern wird zur Zeit das synchronistische[1]) Buchungssystem erprobt, bei dem der Buchhalter im Durchschreibeverfahren in zeitlicher und sachlicher Folge bucht und die zeitlich geordnete Zusammenstellung mit dem Kassenbuch des Kassierers abstimmt. Damit ist in einem Arbeitsgang eine absulute Richtigkeit zwischen Kassen- und Rechnungsbuchung erreicht. Da jedoch diese Verbesserungen nur wenig Einfluß auf die Ausführung des Zahlungsverkehrs als solchen ausüben, sollen sie in diesem Zusammenhang nicht näher besprochen werden (vgl. S. 63).

b) Die Verwendung maschineller Hilfsmittel[2]).

Von größerer Bedeutung und wirksamerer Verbilligung des Kassenapparates und Verbesserung des Zahlungsverkehrs sind jedoch die maschinellen Hilfsmittel. Die Vorteile, die sie bieten, erstrecken sich:

1. auf die Beschleunigung der Arbeitserledigung, auf die Bewältigung größerer Arbeitsanfälle, insbesondere bei zentraler Aufarbeitung der bargeldlosen Zahlungen;

2. auf die Deutlichkeit im Zahlenschreiben und auf die Zuverlässigkeit der Rechnungsergebnisse;

3. auf die Herstellung zweifelsfreier und richtiger Zweit- und Mehrschriften von Kassenbuchungen und Kassenbelegen und

4. auf die Vereinfachung der Kassenkontrollen und den Wegfall rechnerischer Prüfungen.

Diese Vorteile sind natürlich von starker Einwirkung auf die Form und Durchführung des Zahlungsverkehrs. Deshalb soll die

---

[1]) Schmalenbach: Zeitschr. f. handelsw. Forsch. Leipzig 1906/07. Bd. 1, S. 273.

[2]) Diedrichs: Verwendung maschineller Hilfsmittel im Bankbetrieb. Berlin 1923. Julius Springer. Meuthen: Maschinenarbeit in deutschen Bankbetrieben. Berlin 1926. Julius Springer.

Frage der maschinellen Arbeitstechnik in den Kassenbetrieben einer näheren Betrachtung unterzogen werden.

1. Die Rechenmaschine.

Die für den behördlichen Kassenbetrieb in Frage kommenden Büromaschinen sind im allgemeinen die gleichen, wie sie auch in Bankbetrieben Verwendung finden oder finden sollen. Die besondere Art der behördlichen Kassentätigkeit gegenüber der Mannigfaltigkeit des Bankbetriebes drückt sich natürlich auch in der Verwendnng der maschinellen Einrichtungen aus. Im allgemeinen kommen für die behördlichen Betriebe Rechenmaschinen (Vierspeziesmaschinen), Addiermaschinen, rechnende Schreibmaschinen, Registrier-Buchungsmaschinen und Lochkartenmaschinen in Frage. Es bedarf weiter keiner Ausführung, daß die Rechenmaschinen (Brunswiga, Mercedes-Euklid, Tim, Unitas, Mon Hopkins u. a.), die Addiermaschinen (Görz, Continental, Brunswiga, Tim Add., Astra, Borrough, Wales) ohne weiteres im gewöhnlichen Arbeitsgang der Kassen für Zins-, Verteilungs-, Prozent- und Lohnberechnungen sowie für Addition und Kontrolladdition der Kassenbücher verwendbar sind.

Besonders geeignet für umfangreiche Lohnberechnung mit Abzugsberechnung usw. ist die „rechnende Schreibmaschine", die neben Textschreibung auch Addition in Längs- und Querspalten gestattet und somit in einem Arbeitsgang fertig und klar geschriebene Kassenbelege, Zusammenstellungen, Übersichten usw. zum sofortigen kassenmäßigen Gebrauch liefert. Die zur Zeit beste deutsche Maschine dieser Art ist die „rechnende Mercedes-Elektra", welche elektrisch schreibt und rechnet, Buchstaben- und Zahlentexte wiedergibt, senkrechte und wagrechte Additionen und Subtraktionen in beliebig vielen Spalten auf einer Tabellenbreite bis zu 60 cm ausführt. Sie übertrifft an Leistungsfähigkeit offenbar alle bisher bekannten Systeme (wie z. B. Smith Premier, Remington, Underwood).

Alle diese Maschinen ersetzen einfache manuelle Arbeitshandlungen. Sie verändern bei ihrer Einführung die Arbeitsorganisation im Wesen nicht. Sie sind also als Handarbeit ersetzende Maschinen zu betrachten. Sie können daher wirtschaftlich nur dort verwendet werden, wo eine ausreichende Menge solcher Arbeitsanfälle vorhanden ist, oder wo es möglich ist, in gemeinsamer Benutzung mit anderen Arbeitsstellen für die Maschine eine genügende Ausnutzung zu finden.

Anders liegt es bei der praktischen und wirtschaftlichen Verwendung der Registrierbuchungskassen und der Lochkartenmaschinen. Beide erfordern je für sich eine besondere Umformung des bestehenden Arbeitsganges.

2. Die Registrierbuchungsmaschine.

Die Registrierkassen sind in ihrer neuesten Vervollkommnung als Buchungsmaschinen im behördlichen Kassendienst in erster Linie Hilfsmittel zur Sicherung der Barkassentätigkeit. Sie ersetzen das Kasseneinnahmebuch und liefern für die sachliche Buchung die Buchungsunterlagen sowie die Quittung an den Einzahler. Gleichzeitig verteilt die Maschine die der Zeitfolge nach registrierten Einzelposten auf Sachkonten dergestalt, daß sie nach Kassenabschluß die gesamte Summe der einzelnen Konten anzeigt. Von den beiden vorhandenen Typen der Anker-Registrierbuchungsmaschine und der National-Buchungsmaschine ist die letztere als summenschreibende Maschine gebaut, d. h. alle Additionsergebnisse sowohl in der Gesamtsumme, in den Kontensummen als auch in allen Zwischenadditionsergebnissen werden von der Maschine selbsttätig geschrieben. Sie ist somit als vollständige Rechenmaschine zu werten.

Demgegenüber ist die Anker-Registrierkasse noch nicht genügend technisch durchgebildet. Bei ihr müssen alle Rechnungsergebnisse abgeschrieben werden. Die Maschine druckt also ihre Ergebnisse nicht selbsttätig ab. Dieser Mangel macht die Anker-Maschine als Kassenbuchungsmaschine weniger geeignet, weil die kassenmäßige Richtigkeit der Buchungen nicht selbsttätig, sondern durch besondere Kontrollbeamten sichergestellt werden muß.

In den behördlichen Kassenbetrieben werden die Maschinen jetzt versuchsweise bei einigen Finanzämtern eingeführt. Sie ersetzen dort das Einnahmebuch des Kassierers und führen gleichzeitig die Buchung auf der Soll-Karte aus[1]). Sie liefern somit in einem Arbeitsgang neben der zeitlichen Kassenbuchung zugleich die Quittung und die Gutschrift auf dem Konto der Zensiten. Die jetzt notwendige tägliche Abstimmung der Einzelposten des Einnahmebuches mit den Konten fällt alsdann fort. Es ist damit dasselbe erreicht wie beim synchronistischen Buchungsprinzip, bei dem die Journal- und Kontenbuchung in einem Aufschreibungsgang ausgeführt wird. In der neuerdings erlassenen Buchführungsordnung für die Finanzkassen ist bereits auf diese künftige maschinelle Arbeitsform durch Einführung des sog. Kontensystems Rücksicht genommen.

Die Buchungsmaschinen, die bereits im Bank- und Girokassenbetrieb Verwendung gefunden haben, sind im behördlichen Kassenwesen jedoch zur Zeit nur beschränkt verwendbar. Ihre Arbeitskapazität beträgt etwa 2000 Positionen täglich (bei achtstündiger Arbeitsschicht und ununterbrochener Tätigkeit). Ein Arbeitsanfall in diesem

[1]) An Stelle der Sollbücher werden seit dem 1. 1. 1915 für jeden Steuerzahler sog. Sollkarten geführt, auf denen die gesamte Steuerschuld des Steuerzahlers ersichtlich ist und nach Maßgabe seiner Einzahlungen abgebucht werden.

Umfang ist aber bei den behördlichen Kassen nur selten gegeben. Auch wenn alle bargeldlosen Zahlungen zur Vervollständigung der Buchungen registriert werden, wird eine Ausnutzung der Maschine und damit ihre wirtschaftliche Verwendung kaum gegeben sein. Jedenfalls lassen die bisherigen Versuche eine Ersparnis an Arbeitskräften noch nicht erkennen. Der Nutzen der Maschinen beruht vielmehr in der Hauptsache auf der Sicherheit der Barkasse und Vereinfachung des Buchungskontrolldienstes. Für die Verbesserung des Zahlungsverkehrs an sich sind die Maschinen nur von geringerer Bedeutung, weil sie den Kassenaufbau und die Arbeitsteilung innerhalb der gesamten behördlichen Kassenorganisation unberührt lassen und damit keine Verkürzung und Beschleunigung der Zahlungswege bringen. Eine Arbeitsersparnis wird allenfalls zu erwarten sein, wenn bei richtiger Durchführung der Buchungstechnik ein Teil der Buchungen selbst wegfallen, die Kontrolle eingeschränkt und wenn die Abschlußtätigkeit der Barkasse wesentlich vereinfacht werden kann.

3. Die Lochkartenmaschinen.

Eine weit höhere Bedeutung sowohl für den Buchungsdienst als auch für den Zahlungsverkehr haben nun die Lochkartenmaschinen erlangt. Sie sind vielleicht die Zukunft der maschinellen Kassentechnik überhaupt. Schon in ihrer gegenwärtigen technischen Entwicklung ist ihre Verwendungsfähigkeit außerordentlich vielseitig. Der Grundgedanke des Lochkartensystems ist, den einzelnen Arbeitsvorfall, also die einzelne Einzahlung bzw. Auszahlung, mit allen für die Buchung notwendigen Angaben auf eine einzelne Karte, die sog. Lochkarte, zu übertragen, auf der alle Angaben in Zahlen ausgedrückt und durch Ausstanzen von Löchern gekennzeichnet werden. Jeder einzelne Geschäftsvorfall ist also durch die Eintragung in die Lochkarte beweglich gemacht und läßt sich nunmehr mit Hilfe besonderer Sortiermaschinen, deren Mechanismus auf die Stanzlöcher reagiert, in jede gewünschte Gruppierung bringen. Mit Hilfe einer sog. Tabelliermaschine, auf deren Mechanismus ebenfalls die Stanzlöcher einwirken, lassen sich alsdann die Lochkarten in der erhaltenen Sortierung Posten für Posten aufschreiben, und, soweit es sich um Zahlenwerte handelt, summieren.

Zur Zeit sind zwei Maschinenarten, die Hollerith-Maschinen und die Powers-Maschinen, am Markte. Beide Maschinenarten unterscheiden sich in einer Reihe von technischen Sonderheiten, die in mancher Hinsicht von wesentlichem Einfluß auf die Arbeitsmethode und die Arbeitsorganisation werden können. Die Hollerith-Maschinen arbeiten elektromagnetisch, d. h. die perforierten Lochkarten werden bei ihrem Durchgang durch die Maschinen mit Kontaktbürsten abgefühlt, die bei Berührung einer gelochten Stelle durch Kontaktschluß die Sortier-, Zähl-, Addier- und Schreibwerke der Maschinen betätigen. Bei den Powers-Maschinen geschieht das Abtasten der perforierten Karten durch Stahlstifte, die beim Durchdringen durch die Stanzlöcher den inneren Mechanismus der Maschine mechanisch betätigen. Beide Maschinenarten sind mit Schreibwerken ausgerüstet. Die sonstigen Unterschiede wirken sich erst beim Aufbau des Arbeitsganges aus und bedürfen daher nicht der Erörterung an dieser Stelle. Nach den in letzter Zeit vorgenommenen Prüfungen über die Leistungsfähigkeit und Verwendungsmöglichkeiten beider Maschinenarten haben sich die Hollerith-Tabelliermaschinen als die technisch am weitesten vorgeschrittenen Maschinen gezeigt. Ihre Beschleunigung ist höher, die Bedienung und insbesondere die selbsttätigen Gruppensummierungen einfacher als bei der anderen Maschinenart.

Die Lochkartenmaschinen kennzeichnen sich in ihrem Wesen als Hilfsmittel für ausgesprochene Großbetriebe zum grundlegenden Unterschied von den übrigen vorhandenen Büromaschinen. Sie sind also nur dort verwendbar, wo Arbeitsanfälle in täglich regelmäßigem Zulauf und in großen Mengen auftreten und außerdem eine starke Mannigfaltigkeit in der Einzelbehandlung der Arbeitsvorfälle gegeben ist.

Bisher sind die Lochkartenmaschinen, insbesondere die Hollerith-Maschinen, meist für statistische Aufarbeitungen und zu Rechnungskontrollzwecken verwendet worden. Nachdem die Maschinen aber mit Schreibvorrichtungen und Saldierungseinrichtungen versehen worden sind und damit zu vollwertigen Rechen- und Buchungsmaschinen wurden, haben sie Eingang in die Kassen- und Rechnungsbetriebe gefunden. Zur Zeit wird bereits bei der Zentrale der Darmstädter und Nationalbank die gesamte Buchhaltung mit Hollerith-Maschinen bearbeitet. Die Maschinenabteilung dieser Bank arbeitet schon seit längerem mit gutem Erfolg und erheblichen Ersparnissen. Auch bei der Reichsbank, den Zentralen der Dresdner Bank, der Diskonto-Gesellschaft und der Allgemeinen Deutschen Kreditanstalt u. a. sind Lochkartenmaschinen in Tätigkeit.

Insbesondere die Erfahrungen bei der Darmstädter und Nationalbank lassen erkennen, daß ein weiterer Ausbau des Verfahrens auch dahin möglich ist, daß die Lochkarten selbst als Originalbeleg etwa als Überweisungsauftrag, sich verwenden lassen und alsdann nicht nur im inneren Verrechnungsverkehr der Bankorganisation, sondern auch im Wechselverkehr mit anderen Instituten benutzt werden können. Dadurch werden die besonderen Benachrichtigungen und die Herstellung handgeschriebener Primanoten überflüssig. Die bereits vorliegenden praktischen Erfahrungen in der Verwendung der Lochkartenmaschinen im Kassen- und Buchungsdienst zeigen ohne weiteres, daß sie auch in behördlichen Kassenbetrieben nützlich sein können, wenn es gelingt, Großbetriebe zu schaffen, die für die maschinelle Aufarbeitung ausreichenden Arbeitsstoff zu bieten vermögen.

In der Reichskassenverwaltung sind solche Arbeitshäufungen, wie sie die Lochkartenmaschinen erfordern, bei der jetzigen Arbeitsverfassung nicht vorhanden. Es fehlt durchweg an Kassengroßbetrieben. Im allgemeinen liegt der Grund dafür in der Verknüpfung des Zahlungsgeschäftes mit der Rechnungslegung, also in der örtlichen verwaltungstechnischen Verbindung der Kasse mit der vorgesetzten Behörde, der die Bewirtschaftung der Mittel, also die Anweisungsbefugnis, zusteht. Sollen daher die Vorteile der Maschinenarbeit mit den hier in Rede stehenden Büromaschinen für die behördlichen Kassenbetriebe ausgenutzt werden, so muß zunächst diese dezentrale Arbeitsverteilung so weit beseitigt werden, daß nur diejenigen kassen- oder rechnungsmäßigen Arbeiten bei den lokalen Verwaltungsstellen verbleiben, die ihrer Natur nach zur zentralen Bearbeitung vorläufig noch nicht geeignet sind (z. B. die Rechnungslegung über Gehalt und Lohnzahlung).

Dagegen wird ohne weiteres klar, daß sich das gesamte Zahlungsgeschäft in größtem Umfange in zentralorganisierten Betrieben zusammenlegen läßt. Die Zahlungstätigkeit (Einnahme- und Ausgabedienst) ist das gegebene Arbeitsgebiet für einen Kassengroßbetrieb. Es soll deshalb die Frage besonders untersucht werden, unter welchen Voraussetzungen ein Kassengroßbetrieb geschaffen werden kann, und welche wirtschaftlichen Vorteile er insbesondere für die Abwicklung des Zahlungsverkehrs zu bieten vermag.

Die Frage, inwieweit auch die Buchhaltungstätigkeit zentralisiert werden könne, geht über den Rahmen dieser Untersuchung hinaus und wird deshalb nicht weiter auszuführen sein.

Nur so viel sei angedeutet, daß neben der Zentralisierung des Zahlungsverkehrs der Finanzkassen in gewissem Umfang auch eine Zusammenfassung der Steuerkontenhaltung denkbar ist, die etwa für den Bereich eines Landesfinanzamtes die Buchhaltungen der Finanzämter vereinigt.

Diese Zentralbuchhaltungsstelle würde über die Steuerschuld und Steuerzahlung, also über das Steuer-Soll und Steuer-Ist eines jeden Steuerzahlers, mit Hilfe maschineller Einrichtungen Konto führen. Die hierzu geeigneten Maschinen sind neuerdings auf dem Markte erschienen.

Das neueste Modell der Hollerith-Tabelliermaschine ist mit einer Saldierungseinrichtung versehen, die es ermöglicht, die Steuerkonten maschinell buchhaltungsmäßig abzuschließen, und die jeweiligen Schuld- oder Guthabensalden festzustellen. Das Reichsfinanzministerium beabsichtigt, einen Versuch mit diesen Maschinen ausführen zu lassen. Die Zentralisierung der Buchhaltung einerseits und die Zentralisierung des Zahlungsverkehrs andererseits werden demnach erst die Vollendung der Kassenreform bedeuten.

C. Grundlagen eines behördlichen Kassengroßbetriebes mit maschinellem Arbeitssystem[1]).

I. Die verwaltungstechnischen Voraussetzungen für einen Kassengroßbetrieb.

Wenn es aus verwaltungspolitischen und aus traditionellen Gründen nicht durchführbar ist, das gesamte Zahlungsgeschäft von der staatlichen Verwaltung zu trennen und auf die Reichsbankorganisation etwa im Sinne des englischen Verwaltungssystems zu übertragen, wenn es also nicht angängig ist, die Finanzen des Staates mit jenen der Bank zu einer untrennbaren Einheit zu verschmelzen und die Bankorganisation als ein unentbehrliches Glied des Organismus der Finanzverwaltung zu betrachten, so bleibt für die Reichsverwaltung, wenn sie die Vorteile erlangen will, die durch eine solche Arbeitsteilung zwischen der Mittelverwaltung und der Rechnungslegung einerseits und der Zahlungsausführung andererseits sich ergeben, nichts anderes übrig, als diese Vorteile innerhalb des behördlichen Kassenapparates durch eine geeignete Umorganisation selbst zu schaffen.

Nach der gegenwärtigen Verfassung des behördlichen Kassendienstes und nach der Tendenz seines künftigen Ausbaues werden die beruflichen Zahlungsinstitute (wie Reichsbank, Post, Privatbanken usw.) einstweilen nur als Mittler des Zahlungsverkehrs, also als Beauftragte der behördlichen Anweisungsstellen, auftreten können. Es wird nicht, wie es nach dem englischen System notwendig

[1]) In den nachstehenden Ausführungen folge ich meinen in der Schrift: „Die Umstellung des Kassenbetriebes der Finanzämter auf maschinelle Arbeitsmethoden usw.", Berlin 1924, über das Problem eines Kassengroßbetriebes bereits niedergelegten Gedankengängen und praktischen Vorschlägen. Die von mir in der Zwischenzeit gegenüber der Schrift vorgenommenen Änderungen der Arbeitsmethodik sind in den nachstehenden Ausführungen bereits berücksichtigt. Einige Anregungen zu den Änderungen habe ich von Herrn Ministerialrat Dr.-Ing. Schäfer, Mitarbeiter des Reichssparkommissars, erhalten. Die Änderungsvorschläge sind ausschließlich in amtlichen Schriften niedergelegt.

wäre, eine einzelne Bankorganisation mit der Verwaltung der staatlichen Guthaben zu betrauen sein, vielmehr wird sich die Reichsverwaltung in weitestem Maße zur Ausführung ihres Zahlungsverkehrs möglichst aller vorhandenen berufsmäßigen Zahlungsinstitute bedienen; denn nach der Entwicklung, wie sie sich in Deutschland vollzog, ist keines dieser Institute umfassend genug organisiert, um für sich allein den vielseitigen Anforderungen des behördlichen Zahlungsverkehrs zu genügen.

Wie in den vorangehenden Abschnitten bereits im einzelnen besprochen worden ist, drängen alle Verbesserungen im behördlichen Kassenwesen zur Zentralisierung, zur Zusammenfassung gleichartiger Arbeitshandlungen, zu deren Bewältigung rationelle Arbeitsmethoden benötigt werden, und die wiederum zur Bildung von kassenmäßigen Großbetrieben führen müssen.

Nun darf aber bei der Verfolgung solcher Ziele nie außer acht gelassen werden, daß die allgemeine Grundforderung an den Kassendienst auch diesen neuen Gebilden gegenüber verlangt werden muß. Auch die Kassengroßbetriebe müssen gewährleisten, daß alle staatlichen Forderungen schleunigst eingesammelt werden, und daß stets ein klarer Überblick über die verfügbaren Guthaben besteht. Der Kassengroßbetrieb muß dazu beitragen, den Geldmittelumlauf innerhalb der behördlichen Kassenorganisationen auf die kürzesten Wege zu führen, und er muß schließlich die Möglichkeit zu einer denkbar einfachen Rechnungslegung über die Ausführung seiner Zahlgeschäfte bieten. Der künftigen Kassenreform ist somit die Aufgabe gestellt, im Bereiche der Reichsfinanzverwaltung eine Zentralkassenorganisation zu schaffen, die diesen Grundforderungen gerecht wird, und die dennoch alle betriebswirtschaftlichen Vorteile eines Großbetriebes zu bieten vermag.

Es steht natürlich außer Zweifel, daß sich zur maschinellen Bearbeitung lediglich die Arbeitshandlungen zur Ausführung des Zahlungsverkehrs und die Überwachung der Zahlungsein- und ausgänge eignen, daß also die gesamte Anweisungstätigkeit, die Verwaltung der Mittel und die Rechnungslegung von den Konzentrationsbestrebungen wenigstens bis zu einem gewissen Grade unberührt bleiben. In meiner Untersuchung dieser Fragen[1]) habe ich eine Methode entwickelt, nach der die gesamten Steuerzahlungen vom Zensiten an eine Zentralkassenstelle erfolgen sollen, die alle Funktionen des Zahlungsdienstes übernimmt, und die somit die bei den Finanzämtern bestehenden Kasseneinrichtungen entbehrlich macht. Nach dieser Methode verbleibt den Finanzämtern, abgesehen von der gesamten Veranlagungstätigkeit, zunächst noch lediglich die Führung der

[1]) Siehe Fußnote auf S. 64.

Steuerkonten in Verbindung mit dem Beitreibungs- und Mahnverfahren[1]). Die danach zu schaffende Zentralkassenstelle (Finanzgirostelle genannt) trägt den Charakter einer Einheitskasse zur Vermittlung des Zahlungs- und Abrechnungsverkehrs und der Geldversorgung der Dienststellen. Sie ist somit ihrem Wesen und ihrer Organisation nach in der Lage, nicht allein der Steuerverwaltung, sondern auch jeder anderen behördlichen Kassenverwaltung als Organ zur Ausführung des Zahlungsverkehrs zu dienen.

Die Finanzgirostelle wird der Reichshauptkasse anzugliedern sein. Die Einfügung der Finanzgirostellen in den Kassenbetrieb der Reichshauptkasse zieht natürlich auch eine Umformung ihrer gesamten Kassengebarung nach sich. Doch soll zum besseren Verständnis der Organisation die Finanzgirostelle zunächst für sich, also ohne Verbindung mit den übrigen Kassenfunktionen der Reichshauptkasse, betrachtet werden.

Nach dem in der bezeichneten Schrift im einzelnen näher ausgeführten Arbeitssystem der Zentralkassenstelle (Finanzgirostelle) obliegt dieser in erster Linie die Aufgabe, alle von den einzelnen Anweisungsstellen (in der Schrift ist lediglich der Zahlungsdienst der Finanzämter behandelt) gegebenen Einnahme- und Ausgabeaufträge auszuführen. Danach nimmt die Finanzgirostelle Funktionen wahr, die ihrem Wesen nach der Reichshauptkasse als dem Sammelbecken aller Reichseinnahmen und der Finanzierungsstelle aller Reichsausgaben obliegen. Sie ist aber nicht nur die Zentralkasse schlechthin, sie ist gleichzeitig auch die einzige Zahlungsvermittlungsstelle für die ihr angeschlossenen Reichsverwaltungszweige; denn sie hat kassenmäßig allein den richtigen Eingang und Ausgang der Zahlungen nach Maßgabe der Anweisungen der Verwaltungsstellen nachzuweisen. Da ihr aber zur Ausführung dieser Zahlungstätigkeit der Unterbau, d. h. eine eigene Kassenorganisation, fehlt, wird sie sich der Zahlungsvermittlung der berufsmäßigen Bank- und Kassenorganisation wie der Reichsbank, der Post, der Privatbanken, der Spar- und Darlehnskassen usw. bedienen müssen.

II. Der Zahlungsverkehr der Finanzgirostelle.

Der Zahlungsverkehr, wie er sich für die an die Behörden zu leistenden Zahlungen zwischen den Zahlungspflichtigen, den Einhebekassen, der Zentralkassenstelle (Finanzgirostelle) und den zahlungsempfangenden Behörden abspielen soll, ist nachstehend bildlich dargestellt.

[1]) Es wird bereits in Verbindung mit der Verwendung des Lochkartenverfahrens erwogen, ob auch die Steuerkontenführung, also die Buchhaltung der Finanzämter, in gewissem Umfange, etwa für den Bereich eines Landesfinanzamtes, zu zentralisieren und maschinell zu bearbeiten sei (vgl. S. 63).

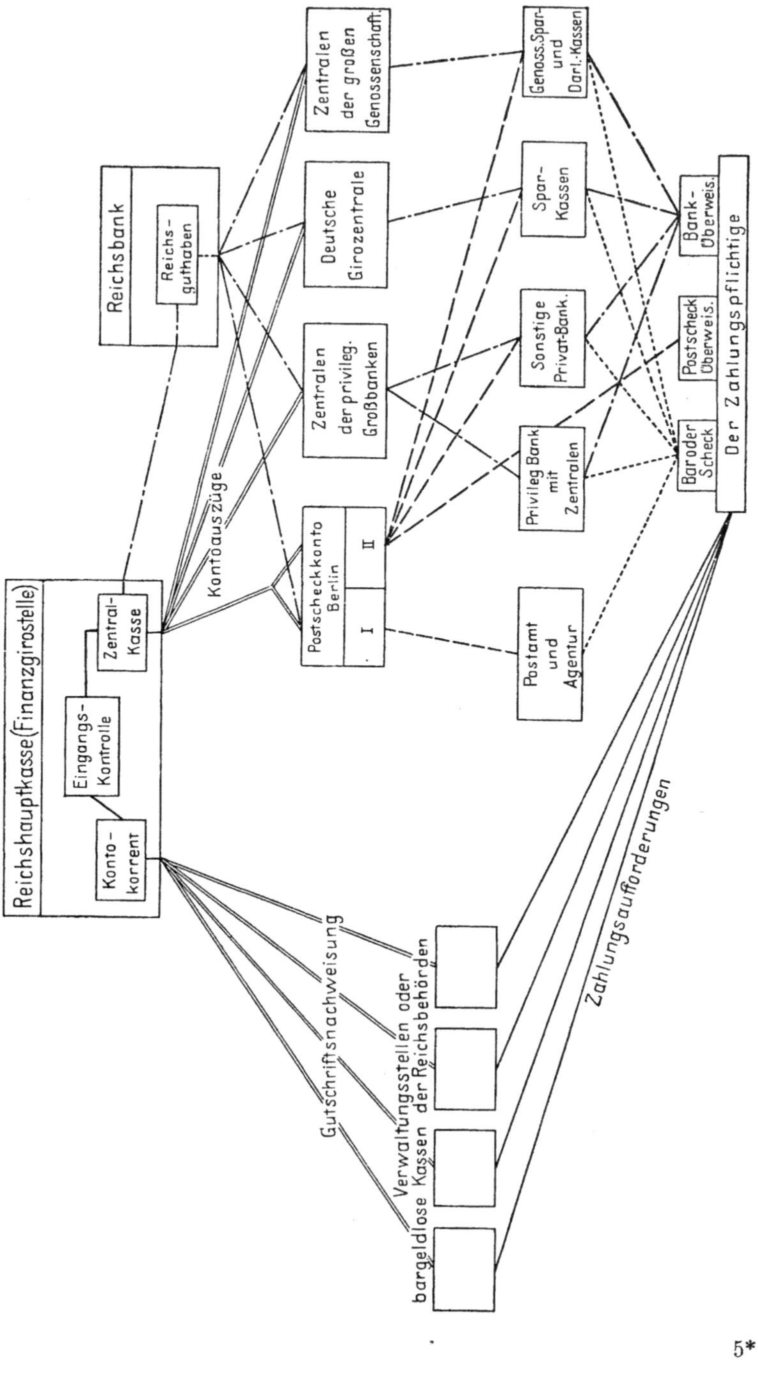

Abb. 3. Der Zahlungseingang bei der Finanzgirostelle.

——— Zahlungsaufforderung. — — — **Postscheck und Überweisung.**
.... Barzahlung, Barscheck. —·—·— **Banküberweisung.**
═══ **Kontoauszüge, Gutschriftsnachweisung.**

Geht man von dem Gedanken aus, daß die Finanzgirostelle alle Forderungen des Reiches unmittelbar von dem Zahlungspflichtigen entgegennimmt, wird der Einzahlungsmodus so geregelt werden müssen, daß auch für den Zahlungspflichtigen der Zahlungsakt einfach und bequem wird.

Die Grundlage eines geordneten Einzahlungsverkehrs bildet bei einem Großbetriebe stets eine sorgfältig ausgefertigte Einzahlungsbescheinigung, aus der die Hingehörigkeit des Betrages zweifelsfrei hervorgeht. Die Ausfertigung dieser Einzahlungsbescheinigung darf weder dem Einzahlenden noch der Einnahmekasse überlassen bleiben; vielmehr müssen die empfangsberechtigten Verwaltungsstellen die Zahlungspflichtigen durch besondere Zahlungsaufforderungen, die gleichzeitig als Einzahlungsbescheinigung dienen, zur Zahlung des Betrages veranlassen. In den meisten Fällen wird die Zahlungsaufforderung bereits den zu zahlenden Betrag enthalten. Ist dieses nach der Art der Einnahme (z. B. Umsatzsteuer, Lohnsteuer) nicht möglich, so kann die Angabe des Betrages auch dem Zahlungspflichtigen überlassen bleiben. Im Steuereinzahlungsverfahren kann in den Fällen, in denen eine Zahlungsaufforderung verloren gegangen ist, eine solche vom Zahlungspflichtigen oder der einnehmenden Kasse ausgefertigt werden. Um jedoch die Angabe für die Verbuchung des Betrages auf alle Fälle richtig zu erhalten, wird es zweckmäßig sein, die Steuerzahler mit einer steuerlichen Legitimation zu versehen, die die notwendige Angabe enthält und an deren Hand eine Ersatzzahlungsaufforderung am Zahlungsschalter ausgefertigt werden kann.

Dem Zahlungspflichtigen steht es nun frei, an jeder beliebigen, zur Annahme von Zahlungen an den Reichsfiskus bestimmten Kasse seine Schuld zu entrichten. Die Einzahlung ist nicht mehr an bestimmte Kassen gebunden, sie ist freizügig geworden. Die Einzahlungsgelegenheiten sind daher äußerst zahlreich. Die Zahlung kann:

1. in bar und mit Schecken,
2. durch Postschecküberweisung und
3. durch Banküberweisung erfolgen.

Zur Entgegennahme der Barzahlungen sind zunächst die Postämter geeignet, die die gesamten Einnahmen für den Reichsfiskus täglich sammeln und mit den Einzahlungsbescheinigungen, auf denen die Hingehörigkeit der einzelnen Beträge genau angegeben ist, auf das Postscheckkonto der Finanzgirostelle abführen. Da etwa 5000 Postkassen und 25000 Postagenturen, von denen letztere gleichfalls an dem Einzahlungsgeschäft beteiligt werden können, vorhanden sind, ist schon bei Heranziehung der Post eine ausgedehnte Einzahlungsbasis für die Zahlungspflichtigen im ganzen Reiche geschaffen.

Aber auch die anderen Geldinstitute, wie Spar- und Darlehnskassen, Sparkassen, Banken, sind ohne weiteres geeignet, sich an der Einziehung von Zahlungen für den Reichsfiskus zu beteiligen. Alle Barzahlungen, die bei privaten Geldinstituten für den Reichsfiskus angebracht werden, können entweder unmittelbar auf das Postscheckkonto oder im Überweisungswege auf ein geeignetes Bankkonto der Finanzgirostelle geleitet werden. Wie bereits auf S. 34 ausgeführt ist, wird der Weg der Einzelposten über Reichsbankgirokonto möglichst zu vermeiden und dafür dem Postscheckgiro der Vorzug zu geben sein. Für diejenigen Bankorganisationen, die ein großes Filialnetz besitzen und eine straffe Konzentration ihres internen Zahlungsverkehrs durchgeführt haben, kann die Abführung der Zahlungen in besonderer Form vorgenommen werden. Die Finanzgirostelle unterhält bei den Zentralen der Großbankorganisationen je ein Sammelkonto. Auf dieses überweisen alle zu der betreffenden Organisation gehörenden Bankfilialen die Steuerzahlungen sowie auch die sonstigen an die Reichsbehörden zu leistenden Zahlungen, die die Zahlungspflichtigen aus ihren Privatbankkonten auf die Finanzgirostelle verfügen. Die Bankzentrale schreibt die einzelnen Überweisungen alsdann nach Ablauf eines vereinbarten Zeitraumes dem Sammelkonto der Finanzgirostelle gut und schickt dieser den Kontoauszug mit den dazu gehörigen Originalüberweisungsaufträgen, die gleichzeitig als Einzahlungsbescheinigung und als Unterlage für die maschinelle Weiterbearbeitung bei der Finanzgirostelle dienen.

Je nach der Anzahl und Art der Privatkassen, die die Finanzgirostelle zur örtlichen Einhebung ihrer Forderungen bzw. zur Auszahlung benötigt, wird sich die Anzahl ihrer Sammelkonten bei den einzelnen Zentralstellen der betreffenden Kassenorganisation richten. Nach der bildlichen Darstellung auf Seite 67 benötigt die Finanzgirostelle voraussichtlich etwa folgende Bankverbindungen und Bankkonten:

1. ein Reichsbankgirokonto,

2. zwei Konten bei dem Postscheckamt Berlin, und zwar Konto 1 zur Abführung der bei den Postämtern aufgenommenen Zahlungen, Konto 2 für alle übrigen Postschecküberweisungen,

3. je ein Konto bei den deutschen Großbankorganisationen zur Sammlung der im Überweisungswege aus den Bankkonten der einzelnen Filialbanken überwiesenen Zahlungen, und zwar bei der:

a) Deutschen Bank,
b) Disconto-Gesellschaft,
c) Dresdner Bank,

d) Darmstädter- und Nationalbank,
e) Commerz- und Privatbank,
f) Bank für Handel und Industrie,
g) Mitteldeutschen Creditbank,

4. je ein Konto bei der Deutschen Raiffeisenbank, Berlin, der Deutschen Girozentrale Berlin, der Dresdner Bank (Genossenschaftsabteilung) und zwei Konten bei der Preußischen Zentral-Genossenschaftskasse, und zwar ein Konto für die Kassen des Reichsverbandes der ländlichen Genossenschaften und ein Konto für die Kassen des Deutschen Genossenschaftsverbandes.

Auf diesen Konten sammelt sich also das Gesamtguthaben der Finanzgirostelle. Täglich senden diese Geldinstitute Kontenauszüge, denen als Anlage die Einzahlungsbescheinigungen über die Hingehörigkeit der einzelnen Einnahmebeträge beigegeben sind. Es bleibt nunmehr Aufgabe der Finanzgirostelle, die Kontenauszüge mit den Originaleinzahlungsbelegen abzustimmen, und die Verteilung der Einzelposten auf die Rechnungsstellen der zuständigen Empfangsbehörden vorzunehmen. (Über den Zeitpunkt der Zahlungserfüllung siehe S. 13 u. 38.)

Neben der Einsammlung der Forderungen des Reichsfiskus wird die Finanzgirostelle auch die Erledigung seiner Zahlungsverpflichtungen ausführen müssen. Da der Zahlungsverkehr der Finanzgirostelle grundsätzlich bargeldlos ist, werden auch Auszahlungen den Weg über das Postscheckamt oder die Bankkonten der Finanzgirostelle bei den Bankzentralen nehmen müssen. Es sei in diesem Zusammenhang auf die Vorschläge über die Beteiligung der Reichshauptkasse oder anderer behördlicher Zentralkassen am Clearingverkehr der Bankverbände verwiesen (S. 30 ff.).

III. Der maschinelle Arbeitsgang in der Finanzgirostelle.

Die der Finanzgirostelle täglich zugehenden Kontoauszüge mit den Einzahlungsbelegen (Überweisungsanträge, Postscheckabschnitte, Einzahlungsnachweise der Postämter) werden zunächst in ihren Gesamtsummen in einer Eingangsbuchung festgestellt (Primanote) und in Rechnungsabschnitte zusammengefaßt. Alsdann wird das gesamte Material der maschinellen Bearbeitung zugeführt.

Da es sich hier um große Mengen gleichartiger Geschäftsvorfälle handelt, ist das Arbeitsgebiet für die Verwendung der Lochkartenmaschinen geeignet.

Alle Einzelposten werden an Hand der den Kontoauszügen beiliegenden Einzahlungsbelege auf Lochkarten übertragen und mit den einzelnen Kontoauszügen abgestimmt, alsdann nach den einzelnen zuständigen Verwaltungsstellen (z. B. Finanzämtern) sortiert. Die für jede einzelne Rechnungsstelle gutzuschreibenden Beträge werden dann weiter nach den buchhalterischen Erfordernissen untergruppiert und in dieser Reihenfolge maschinell durch die Tabelliermaschine aufgeschrieben. Die Gesamtsumme der einzelnen so entstehenden Gutschriftsnachweisungen muß mit der Summe des betreffenden Verrechnungsabschnittes der Primanota übereinstimmen, so daß unter Berücksichtigung aller Differenzbeträge sich stets wieder die nach Maßgabe der Eingangsbuchung festgestellten Ausgangssummen ergeben müssen.

Die Endsumme einer jeden Gutschriftsnachweisung wird alsdann auf eine Lochkarte übertragen, die als Gutschriftsbuchung für das Kontokorrent- oder Abrechnungskonto der empfangenden Verwaltungsstellen dient. Das Kontokorrent wird somit in losen Karten geführt, die jederzeit durch eine Tabelliermaschine auch schriftlich als Nachweisung reproduziert werden können.

Ebenso wie die Finanzgirostelle die Einnahmen der ihr angeschlossenen Verwaltungsstellen kassenmäßig bucht und verwaltet, ist sie auch dazu bestimmt, die Ausgänge zu behandeln. Es wird sich naturgemäß bei der zentralen Ausgabeleistung in der Hauptsache nur um solche Beträge handeln können, die an Bank- oder Postscheckkonteninhaber zu zahlen sind und im allgemeinen größere Zahlungen betreffen, wenngleich auch Zahlungen mittels Postauszahlungsschecks ausgeführt werden können. Grundsätzlich aber gehören hierher alle Steuerrückzahlungen. Die einzelnen Verwaltungsstellen geben demzufolge ihre Zahlungsaufträge unmittelbar an die Finanzgirostelle, die die Zahlungen entweder durch Postscheck oder durch Banküberweisung oder in sonst geeigneter, bargeldloser Zahlungsform ausführt. Die zur Auszahlung gelangten Einzelbeträge werden auf Lochkarten übertragen und in dieser Form das Kontokorrent der Verwaltungsstelle belastet. Allmonatlich oder in kürzeren Zeiträumen erhält die Verwaltungsstelle einen maschinell hergestellten Kontoauszug, der als Gutschrift die täglichen Endsummen der Gutschriftsnachweisungen enthält und als Belastung die von der betreffenden Verwaltungsstelle angewiesenen Auszahlungen nachweist. Dieser Kontoauszug dient der Verwaltungsstelle als Unterlage für die Rechnungslegung.

IV. Die Vorteile des Kassengroßbetriebes.

Die Vorteile, die ein im vorstehenden Sinne gedachter Kassengroßbetrieb zu bieten vermag, liegen teils auf finanztechnischem, teils auf kassentechnischem Gebiete. Vom finanztechnischen Standpunkt aus betrachtet, bietet die beschleunigte Konzentration der Reichseinnahmen bei der Zentralkasse den Vorteil einer schnellen Disposition über die jeweiligen verfügbaren Reichsguthaben. Die Reichseinnahmen brauchen nicht mehr über die Bank- und Postscheckkonten der zahlreichen Lokal- und Oberkassen geführt zu werden, so daß bereits dem Fiskus gehörige Gelder nicht mehr durch lange Überweisungswege gebunden liegen. Vielmehr werden die Einnahmen alsdann aus der Tasche des Zahlungspflichtigen unmittelbar in die Kasse der Zentraldispositionsstelle, nämlich der Reichshauptkasse, gehen. Der Geldumlauf wird auf den denkbar kürzesten Weg geleitet. Von allen Arbeiten, die mit der Verwaltung des Bargeldes und der Geldwerte verbunden sind, werden die behördlichen Kassen befreit. Der Zahlungspflichtige genießt völlige Zahlungsfreiheit, kann also seine Zahlung bei jeder zur Annahme behördlicher Einnahmen bestimmten Kasse — das sind praktisch alle öffentlichen und privaten Kasseninstitute — anbringen. Die maschinelle Arbeitsmethode gibt jederzeit mühelos eine genaue Ist-Statistik über laufende Eingänge der Zahlungen bei den einzelnen Steuerarten und in den einzelnen Landesgebieten und Gemeinden. Jetzt würden solche Übersichten nur in umfangreichen Zusammenstellungen und mit größerem Zeitaufwand geschaffen werden können.

Die vorstehend entwickelte Theorie eines Kassengroßbetriebes sieht zwar für die gesamte Reichsverwaltung eine einzige Zentrale vor, deren Umfang trotz ihres gewaltigen Arbeitsanfalles die optimale Größe noch nicht überschreiten wird. Jedoch wird aus innerpolitischen und partikularistischen Gründen mit einem gewissen Widerstand der Länder gegen eine allzu weitgehende Zentralisierung des Kassengeschäftes zu rechnen sein, zumal die Länder glauben befürchten zu müssen, daß sich durch die zentrale Zusammenfassung des größten Teils der Reichseinnahmen die Kreditgewährung aus dem Reichsguthaben zum Nachteil gewisser Ländergebiete verschlechtern könnte.

Es wird deshalb der Gedanke zu erwägen sein, ob die Finanzgirostelle nicht in zwei oder drei regionale Abteilungen zu zerlegen wäre, um den Interessen und Wünschen der Länder entgegenzukommen.

Der größere Vorteil, den das System durch die Freizügigkeit der Einzahlung bietet, wird natürlich beeinträchtigt, wenn mehrere Finanzgirostellen geschaffen würden. Auch wird die Finanzgirostelle als Abrechnungsstelle der Reichsverwaltung (vgl. S. 31) nicht mit der gleichen Wirksamkeit tätig sein können, wie in einem geschlossenen Zentralbetriebe.

Die Entwicklungsfähigkeit aber, die die maschinelle Arbeitsform in sich trägt, läßt schon jetzt die Möglichkeit eines weit innigeren Zusammengehens mit den am behördlichen Zahlungsverkehr beteiligten öffentlichen und privaten Geldinstituten auf arbeitstechnischem Gebiete voraussehen.

Der kassentechnisch größte Vorteil, der sich gerade im Hinblick hierauf aus einer Trennung des reinen Zahlungsverkehrs von der Buchhaltungstätigkeit und aus der Schaffung eines Kassengroßbetriebes ergibt, besteht schließlich in einer erheblichen Aufwandsersparnis. Eine genaue Berechnung der zu erwartenden Verbilligung ist jedoch aus mancherlei Gründen nicht möglich. Zunächst liegt es in der Natur der neuartigen Arbeitsmethode, daß sie mit dem gegenwärtigen Verfahren nicht unmittelbar vergleichsfähig ist. Die Zahl der im Kassendienst beschäftigten, d. h. mit der Tätigkeit des reinen Zahlungsverkehrs befaßten Beamten läßt sich nur roh schätzen. Ebenso bestehen keine genauen Angaben darüber, wieviel Zahlungsvorfälle im gesamten Verwaltungsbereich, getrennt nach den einzelnen Zahlungsarten, jährlich aufkommen. Die Angaben über die Zahl der Einzahlungsfälle schwanken zwischen 120 und 350 Millionen[1]). Die mit Kassen- und Buchhaltungsarbeiten befaßten Bediensteten verteilen sich bei dem gegenwärtigen System auf nahezu 1000 Dienststellen, während sie bei der neuen Arbeitsmethode an zentraler Stelle tätig sein müßten. Es läßt sich daher schwerlich eine Berechnung darüber anstellen, in welchem Umfange sich die Arbeitsverringerung bei den Finanzämtern und sonstigen Reichskassenstellen in personeller Hinsicht auswirken wird. Ebenso läßt sich bei der maschinellen Arbeitsform noch nicht vorausberechnen, welche Beschleunigung die Arbeitserledigung in der Praxis erlangen kann, und welche als Gewinn zu buchende Nebenergebnisse die maschinelle Bearbeitung noch zu liefern vermag. All diese Fragen, die für die Rentabilitätsberechnung von grundlegender Bedeutung sind, können zunächst nur an einem praktischen Versuch studiert werden. Es wird erst dann ein zuverlässiger, in Zahlen ausdrückbarer Vergleich der maschinellen Arbeitsmethode mit dem gegenwärtigen Arbeitssystem, also eine genaue Rentabilitätsberechnung, möglich sein, wenn genügende Erfahrungen in einem der Wirklichkeit nahekommenden Probebetrieb gewonnen sein werden.

Abgesehen von den Kosten des rein maschinentechnischen Apparates, deren Höhe also mangels genügender Erfahrungen über die Auswirkung der einzelnen Arbeitsumformungen erst nach einem Probeversuch bestimmt werden können, entstehen aber durch die

[1]) Ich habe in meiner Schrift über die Umstellung der Finanzkassen auf maschinelle Arbeitsmethoden meiner Rentabilitätsberechnung 120 Millionen Einzahlungsfälle für das Jahr zugrunde gelegt und dabei einen Kostenbetrag für die Zentralkassenstelle von jährlich 1,6 Millionen Mark ermittelt.

Veränderung der Zahlungswege besondere Kosten im Verkehr mit den zur Ausführung des Einziehungsgeschäftes herangezogenen Privatkassenorganisationen. Die Zahlungen, die diese Institute aufnehmen, sind zunächst zweierlei Art. Es ist zu unterscheiden zwischen solchen Zahlungen, die der Zahlungspflichtige berechtigt ist, kostenlos zu entrichten, wie z. B. die Steuerzahlungen, und solchen Zahlungen, deren Ausführung zu Lasten des Einzahlers geht, wie z. B. alle Überweisungen aus Bank- und Postscheckkonten. Im ersteren Falle wird der Reichsfiskus die Bankspesen und sonstigen Unkosten zu übernehmen haben. Dies kann er in zweierlei Form: entweder durch Zahlung der Gebührnisse für den einzelnen Fall, also auf Grund eines besonderen Gebührentarifs, was jedoch in Anbetracht der Menge der Zahlungen zu zeitraubenden Berechnungen und ebenso mühsamen Nachrechnungen führen wird, oder aber die Abgeltung geschieht in der Weise, daß die betreffende Bankorganisation die Gutschriften auf das Sammelkonto der Finanzgirostelle erst nach Ablauf einer bestimmten Frist von 1—3 Tagen vornimmt, die für die betreffenden Bank- oder Kassenorgane ausreicht, um sich aus dem Zinsgewinn der für diese Zeit ihnen zur Verfügung stehenden reichsfiskalischen Gelder bezahlt zu machen.

Bei denjenigen Zahlungen, bei denen eine kostenlose Einzahlung seitens des Einzahlers an den Reichsfiskus nicht gefordert werden kann, gehen die Überweisungskosten zu Lasten des Kontoinhabers, also des Einzahlers. Die Bank würde daher in diesem Falle keine besonderen Zinsvergünstigungen beanspruchen können und müßte die Gutschrift auf das Sammelkonto der Finanzgirostelle unverzüglich vornehmen; es sei denn, daß sie im Interesse der maschinellen Bearbeitung für die Finanzgirostelle bestimmte Vorarbeiten übernimmt, die eine besondere Vergütung rechtfertigen. Jedenfalls aber wird der Verkehr mit den privaten Geldinstituten so geregelt werden können, daß besonders abzurechnende Vergütungen seitens des Reichsfiskus nicht zu leisten sind.

Im Verkehr mit der Post wird die Abgeltung der für den Reichsfiskus zu leistenden Kassenarbeiten zweckmäßig nicht nach dem öffentlichen Tarif, sondern durch Pauschalvergütungen geschehen müssen. Die Einzelberechnung der Übertragungsgebühren würde ebenso wie im Verkehr mit den Banken zu unnötigen Abrechnungen führen und verteuernd wirken. Die Reichspost hat jedoch, nachdem sie als selbständig wirtschaftendes Reichsunternehmen aus dem Reichsetat gelöst worden ist, ein starkes Interesse daran, ihre Rentabilität sicherzustellen und nachzuweisen. Deshalb müßte der Wert der Dienstleistungen, die sie im Interesse des Reichsfiskus ausführt, mindestens nach Maßgabe der Selbstkosten ihrer Haushaltsrechnung zugeführt werden. Immerhin aber bleibt die Post ein Reichsunternehmen, dessen Überschüsse, wie beispielsweise die der Reichsdruckerei, dem Reichsfiskus zufließen. Es ist daher ein Streit über die Höhe der Vergütungen an die Reichspost belanglos, da bei streng wirtschaftlicher Betriebsführung seitens der Post jede über die Selbstkosten hinausgehende Zuwendung als Überschuß in die Reichskasse zurückfließt. Die Vergütung an die Post stellt sich also letzten Endes als eine einfache Haushaltsübertragung dar, die die einzelnen Reichskassenverwaltungen in ihrem Verkehr mit der Post buchmäßig nicht belasten. Es bliebe also nur zu untersuchen, in welchem Maße sich die Selbstkosten der bei der Post etwa entstehenden Mehrarbeiten auswirken. Es läßt sich zwar nicht voraussehen, in welchem Umfange die Post künftig als Einziehungskasse, insbesondere für Bareinzahlungen, in Anspruch genommen werden wird, immerhin können bei einer Gesamtanzahl von schätzungsweise 260 Millionen Einzahlungsfällen etwa 30 Millionen Einzelposten auf die Postämter entfallen. Das ergäbe an Gebühren, wenn für den Einzahlungsfall etwa 10 Pfennige berechnet werden, rund 3 Millionen Mark. Die sonstigen Übertragungsgebühren (z. B. wie Überweisung von Postscheckkonten auf das Reichsbankgirokonto) können hier außer Ansatz bleiben, da diese Kosten auch jetzt schon aufkommen und entrichtet werden müssen. Obgleich also die Pauschalvergütung, die die Reichskassenverwaltung für Dienstleistungen der Post zu entrichten hätte, strenggenommen nicht in die Rentabilitätsberechnung gehört, so würde diese Vergütung dennoch zu berücksichtigen sein, wenn die Erhöhung der Zahlungsvorfälle an den Schaltern der Post zu Personalvermehrungen zwingen sollte. Dies wird indessen bei den weitaus meisten Postämtern nicht der Fall sein, da sich die Arbeitsvermehrung bei den 5000 vorhandenen Postämtern so weit verteilt, daß sie noch von dem vorhandenen Personal bewältigt werden kann. Nur bei den in den Großstädten bestehenden Postanstalten wird ein stärkerer Arbeitsanfall entstehen, der auch örtlich zu Personalvermehrungen führen wird. Es wird sich danach die Überleitung der Barkassentätigkeit der reichsbehördlichen Kassen auf die Post zu einem gewissen Teil nur als Arbeitsverschiebung innerhalb der Reichsverwaltung auswirken. Es wäre somit nur der auf diese Arbeitsverschiebung entfallende Kostenteil in die Rentabilitätsrechnung der Finanzgirostellen einzusetzen. Nach vorsichtiger Schätzung wären in diesem Falle etwa ein Drittel der für Annahme der Steuergelder von der Post erhobenen Gebühren als tatsächliche Mehrausgaben zu werten und unter Zugrundelegung des obigen Gebührensatzes mit etwa 1 Million Reichsmark in die Rentabilitätsrechnung einzusetzen. Mit dieser Mehrausgabe von 1 Million werden alle Steuerzahlungen an den Postschaltern gebührenfrei. Zahlungen auf Zahlkarten, deren Gebühr der Zahlungspflichtige heute selbst zu tragen hat, würden künftig überhaupt fortfallen. Dies bedeutet ein gewisses Entgegenkommen gegenüber dem Steuerzahler und rechtfertigt schließlich auch das Verlangen nach Mithilfe des Publikums, wenn bei künftigen Verbesserungen der maschinellen Arbeitsmethode noch weitere Veränderungen der Zahlungsgewohnheiten notwendig werden.

Wird nun die Finanzgirostelle nicht nur der Finanzverwaltung, insbesondere der Steuerverwaltung, sondern allgemein dem gesamten Reichskassendienst nutzbar gemacht, so werden weitere Verbilligungen erreicht werden können.

D. Zusammenfassung des Untersuchungsergebnisses.

Die vorliegende Untersuchung über die Reformmöglichkeiten im reichsbehördlichen Zahlungsverkehr hat sich mit drei Reformfragen auseinandergesetzt:

1. mit der Erweiterung des bargeldlosen Zahlungsverkehrs,

2. der Vereinfachung des Kassenapparates,

3. der Einführung technischer Hilfmittel zur Verbesserung der Kassentechnik; sie ist zu folgendem Ergebnis gelangt:

Erste Reformfrage:

Erweiterung des bargeldlosen Zahlungsverkehrs.

I. Vorschläge allgemeiner Natur.

1. Behördlicherseits:

a) Die einzelnen bargeldlosen Zahlungsformen sind hinsichtlich ihrer Wertstellung für die Behörde so zu behandeln, daß ein Anreiz zu ihrer Benutzung besteht.

b) Der innere Zahlungsausgleich ist durch Errichtung einer zentralen Abrechnungsstelle bei der Reichshauptkasse grundsätzlich als Buchausgleich durchzuführen.

c) Die Beteiligung der behördlichen zentralen Kassen an den örtlichen Sonderorganisationen der Geldinstitute ist zwecks gegenseitiger Abrechnung (Eilavis, Verbandsabrechnungsstellen usw.) herbeizuführen.

2. Seitens der öffentlichen und privaten Geldinstitute ist anzustreben:

a) Verschmelzung des Reichsbankgiros mit den Scheckämtern zu einem Giroverband,

b) Ausbau der Scheckämter zu Bezirksabrechnungsstellen (§ 12 des Scheckgesetzes),

c) Zulassung des Annahmevermerks auf Schecken, damit diese als Ersatz für Barzahlungen dienen können,

d) Einführung von Postverrechnungsschecken,

e) sorgfältigeres und ausreichenderes Benachrichtigungsverfahren im Banküberweisungsverkehr.

3. Die Zahlungspflichtigen und Zahlungsempfänger sind zu veranlassen:

a) im weitestgehenden Maße bargeldersparende und bargeldlose Zahlungsformen anzuwenden,

b) Postscheck- und Bankkonten zu eröffnen.

4. Hinsichtlich der zweckmäßigsten Zahlungsform ist zu fordern:

a) Beschränkung der Barzahlung auf das Mindestmaß,

b) Ersatz des Schecks im behördlichen Zahlungsverkehr durch Überweisungszahlung.

c) Ablehnung von Scheckzahlungen im interlokalen Zahlungsverkehr,

d) Wahl der Überweisung als wirtschaftlich nützlichste und billigste Zahlungsform.

II. Verbesserung des bargeldlosen Zahlungsverkehrs im praktischen Kassendienst.

1. Die Bankkonten der behördlichen Kassen sind möglichst auf Postscheck- — Reichsbank- — und kommunale Girokonten zu beschränken.

2. Einnahmedienst.

a) Die Einnahmen sind von Zahlungspflichtigen grundsätzlich bargeldlos zu entrichten und in einem späteren Stadium der Entwicklung nicht mehr an die Lokalkassen, sondern auf ein Zentralkonto der Reichshauptkasse abzuführen.

b) Da, wo Barzahlungen unvermeidlich sind (bei Zollkassen usw.), müßten diese Zahlungen durch geeignete Stundungsverfahren in bargeldlose Zahlungen an die Oberkassen umgewandelt werden. Zu empfehlen wäre das fiktive Abrechnungsverfahren der Güterkassen der deutschen Reichsbahn und die Anweisungszahlungen im Güterkassendienst mit Hilfe der Verkehrs- und Kreditbank.

3. Ausgabedienst.

a) Die Auszahlungen an die Festbesoldeten sind grundsätzlich bargeldlos auf Postscheck- und Bankkonten zu leisten. Alle Beamten, alle Angestellten und Lohnempfänger mit einem Monatsgehalt von mehr als einem Vierteljahresgehalt der Gehaltsgruppe I müssen verpflichtet werden, bei Einführung vierteljährlicher Gehaltszahlung ein Postscheck- oder Bankkonto anzulegen.

b) Die sog. Beamtenschecke müssen wegfallen.

c) Die Zahlung an Lohnempfänger ist grundsätzlich bar auszuführen, soweit die einzelne Lohnzahlung nicht den Betrag eines Vierteljahrsgehalts der Gehaltsgruppe I übersteigt. Dagegen die

d) Zahlung an Versorgungsberechtigte grundsätzlich durch Post,

e) die Zahlung an Unternehmer und Lieferer grundsätzlich bargeldlos; die Reichsbehörden vergeben Aufträge nur an solche Unternehmer und Lieferer, die Bank- oder Postscheckkonten besitzen.

4. Ablieferung der Überschüsse und Versorgung der Kassen und Dienststellen mit Geldbetriebsmitteln.

a) Die Ablieferungen der Einnahmekassen erfolgen unmittelbar an die Reichshauptkasse,

b) die Einzahlungen der Zahlungspflichtigen werden möglichst auf Zentralkonten der Einnahmeverwaltungen bei der Reichshauptkasse geleistet,

c) die Versorgung der Ausgabekassen geschieht im sog. „grünen Scheckverfahren", d. h. durch unmittelbare Verstärkung der eigenen Konten aus dem Zentralkonto der Reichshauptkasse bei der Reichsbank,

d) ein dem grünen Scheckverfahren ähnliches ist im Postscheckwesen anzuwenden, so daß alle Geldbedarfsstellen unmittelbar aus dem Zentral-Postscheckkonto Bargeldmittel entnehmen können.

Zweite Reformfrage:

Vereinfachung im Aufbau des Kassenapparates.

I. Ziel der Bestrebung ist Zentralisation der Kassentätigkeit.

1. Die Reichshauptkasse wird geschäftsführende Kasse für alle in Berlin ansässigen obersten Reichsbehörden, Reichsmittel- und Unterbehörden (diese Behörden bleiben lediglich anweisende Stellen).

2. Die Kassen mit nachgeordneten Kassen, die sog. Oberkassen, werden als vollständig bargeldlose Kassen eingerichtet.

3. Die Anzahl der Lokalkassen wird auf das notwendige Maß beschränkt. Sie werden als örtliche Einheitskassen oder Sammelkassen (ohne Rechnungslegung) ausgebildet, und zwar:

a) durch Zusammenlegung von Lokalkassen verschiedener Dienststellen ein und desselben Verwaltungszweiges,

b) durch Zusammenlegung von Lokalkassen verschiedener Dienststellen aus verschiedenen Verwaltungszweigen.

Die danach noch bestehenden Lokalkassen und die örtlichen Einheitskassen treten hinsichtlich der Geldversorgung und Geldablieferung unter Ausschaltung aller Zwischenstellen unmittelbar mit der Reichshauptkasse in Verbindung.

4. Alle Verwaltungsstellen, deren Kassen aufgelöst worden sind, erhalten zur Bestreitung kleiner Geschäftsbedürfnisse einen gering bemessenen Handvorschuß, den sie mit der vorschußgebenden Stelle (z. B. Sammelkasse, Einheitskasse oder Reichshauptkasse) abrechnen.

5. Im letzten Stadium der Entwicklung wäre die Reichshauptkasse zu einer allgemeinen Zentralkasse zu entwickeln, die den Zahlungsverkehr im Reichsverwaltungsgebiet auf sich vereinigt, die Einnahmen (mit Ausnahme der der Verkehrskasse) unmittelbar einhebt und Auszahlungen im weitesten Maße selbst ausführt.

Dritte Reformfrage:

Die Verbesserung der Kassentechnik.

Im Rahmen dieser Untersuchung interessiert die Verbesserung der Kassentechnik nur, insoweit sie für die Bearbeitung des Zahlungsverkehrs von Bedeutung ist.

I. Es kommen im einzelnen in Frage:

1. Die Verbesserung der Buchungsmethoden. Grundsätzlich soll jede Buchung nur einmal niedergeschrieben werden und alle Nebenbuchungen mit der Urschrift zwangsläufig verbunden sein. Dieses Ziel wird durch ein geeignetes Durchschreibeverfahren erreicht (synchronistische Systeme), die für alle die Kassen zweckmäßig sind, die neben einer zeitlichen auch eine sachliche Buchung vornehmen müssen. Versuche mit diesen Buchungsmethoden sind bei mehreren Kassen im Gange und in der württembergischen Landesfinanzverwaltung bereits eingeführt.

2. Verwendung maschineller Hilfsmittel. Es kommen Rechen-, Buchungs- und Lochkartenmaschinen in Frage.

a) Rechenmaschinen sind im allgemeinen für Zinsberechnungen und Additionen nur in größeren Kassenbetrieben wirtschaftlich, Schreib-Rechenmaschinen überall da, wo Zahlungslisten, Rechnungsaufstellungen u. dgl. herzustellen sind. Sie werden daher meistens nur in Rechnungsbüros Verwendung finden, sofern diese Arbeiten nicht mit dem eigentlichen Kassenbetrieb verbunden sind.

b) Registrier-Buchungsmaschinen. Sie sind geeignet, dem örtlichen Kassenbetrieb zu dienen. Sie ersetzen durch ihre synchronistische Aufschreibung Kassen- und Soll-Buchung, setzen aber voraus, daß die Kasse sowohl Barzahlungen als auch bargeldlose Zahlungen in allen Einzelbeträgen durch die Maschine aufnehmen läßt. Das Prinzip der einmaligen Niederschrift der Buchung wird durch diese Maschine in vollem Umfang gewahrt (zur Zeit werden versuchsweise einige Finanzämter mit diesen Maschinen ausgerüstet).

c) Die Lochkartenmaschinen fordern einen Kassengroßbetrieb, da sie durch die Art ihrer Arbeitsmethode den gesamten Kleinkassendienst aufnehmen, sie machen infolgedessen die Verwendung von Registrierkassen für den bargeldlosen Zahlungsverkehr im Lokalkassendienst überflüssig. Für die Anwendung der Lochkartenmaschinen ist eine vollständig neue Organisation des Kassenwesens nach der Richtung hin notwendig, daß alle Zahlungen bargeldlos einer zentralen Kasse zugeführt werden. Die Versuche befinden sich zur Zeit noch im Vorbereitungsstadium.

II. Die Theorie eines Kassengroßbetriebes,

1. Der Kassengroßbetrieb soll den gesamten Zahlungsverkehr möglichst großer, wenn nicht aller Verwaltungszweige an sich ziehen. Die anfallende Arbeitsmenge wird mit Hilfe von Hollerith-Maschinen kassentechnisch zu bewältigen sein. Zur Veranschaulichung der Idee soll zunächst die Zentralisierung des Zahlungsverkehrs der Reichsfinanzverwaltung gezeigt werden.

2. Die Arbeitsmethode. Alle Zahlungspflichtigen erhalten Zahlungsaufforderungen. Die Einzahlung der Beträge erfolgt freizügig bei allen zugelassenen Annahmestellen, z. B. Post, Banken, Sparkassen usw. Die Zahlungsaufforderung wird als Einzahlungsbescheinigung seitens der annehmenden Stellen benutzt und mit den Beträgen unmittelbar der zentralen Kasse, der sog. Finanzgirostelle (bei der Reichshauptkasse) zugeführt.

3. Den Kontoauszügen für die Finanzgirostelle liegen die Einzahlungsbescheinigungen als Anlage bei, auf Grund welcher die Gutschrift auf den Konten selbst geprüft wird. Die Angaben aus den Einzahlungsbescheinigungen (sofern die Einzahlungsbescheinigungen nicht selbst bereits Lochkarten sind) werden auf Lochkarten übertragen, mit denen die Verteilung der Einzelbeträge auf die zuständigen Finanzämter oder eine für den Bezirk eines Landesfinanzamts zu schaffende Zentralbuchhaltung in Form von Gutschriftsnachweisungen vorgenommen wird.

4. Die Finanzämter oder Zentralbuchhaltereien rechnen an Hand der Gutschriftsnachweisung die Steuerschuld auf den Konten der einzelnen Steuerzahler ab.

5. Der gesamte Zahlungsverkehr bei den Finanzämtern fällt fort. Der Geldverkehr der einzelnen Ämter spielt sich auf dem Kontokorrentkonto bei der Finanzgirostelle ab. Diese ist also nichts anderes als eine Abrechnungsstelle zwischen den Behörden und den berufsmäßigen Geldinstituten, die die Zahlungsgeschäfte für die Behörde übernehmen.

E. Schlußbemerkung.

An den im vorstehenden Überblick gegebenen Reformmöglichkeiten im Reichskassenwesen ist der Reichsfinanzminister in erheblichem Maße unmittelbar beteiligt. Es soll daher in einigen Schlußbemerkungen kurz die Stellung des Finanzministers zu den Reformfragen angedeutet werden.

Gegenüber dem überragenden Einfluß, den der Reichsfinanzminister in der zentralisierten Reichsverwaltung erlangt hat, tritt die Bedeutung der Finanzverwaltung der Länder, die durch die Nutzbarmachung des § 19 der Reichsabgabenordnung vom 13. 12. 1919 (RGBl. S. 1993) in Bayern nahezu völlig aufgesogen ist, und weiterhin auch die der Gemeinden erheblich zurück. Auf dem Gebiete des formalen Zahlungsverkehrs sind die Anordnungen des Reichsfinanzministers teils unmittelbar bindend für die Länderverwaltungen, teils werden die Länder- und Kommunalkassen mittelbar genötigt, sich den Formalien der in ihren Landes- und Ortsgebieten gelegenen Reichskassen anzupassen, die im Hinblick auf ihre größere Bedeutung für den allgemeinen Zahlungsverkehr auch nicht ohne Einfluß auf die privaten Geldinstitute und deren Kunden bleiben.

Wenn so die Reichskassen maßgeblichen Einfluß auf die übrigen öffentlichen Kassen gewinnen, entsteht naturgemäß für sie die Pflicht, durch zeitgemäße Einrichtungen und gut geordnete Geschäftserledigungen vorbildlich zu werden. Die bereits in Verfolg des § 55 der Haushaltsordnung eingeleiteten und schon zu gewissen Teilergebnissen gelangten Arbeiten zur Schaffung einheitlicher Vorschriften für den Kassendienst lassen die führende Stellung des Reichsfinanzministers auf dem Gebiete des Kassenwesens deutlich erkennen.

Ebenso wie die Verbesserung der Arbeitstechnik auf jeglichem Gebiet des Bürodienstes in immer größerem Maße auf die Verwendung maschineller Arbeitsmethoden zielt, ist auch das Reformstreben im Kassen- und Zahlungswesen auf eine weitgehende Verwendung maschineller Hilfsmittel gerichtet. Nun stehen aber diesem Ziele eine Reihe von Hemmungen entgegen, die zum größten Teil in der Neuartigkeit dieses Wissensgebietes für die Behördenkreise ihre Ursache haben. Der Mangel an ausreichender, praktischer Erfahrung läßt die Vorteile mancher maschineller Einrichtungen noch stark umstritten. Zudem fehlt es den amtlichen Stellen meist an einer eingehenden Kenntnis der gesamten Büromaschinentechnik, die notwendig ist, um aus der Menge der Angebote die jeweils geeigneten Typen auszuwählen. Auch darf nicht vergessen werden, daß mit der Steigerung der Leistungsfähigkeit der maschinellen Hilfsmittel die Organisationsschwierigkeiten wachsen und daß, je wirksamer die Maschinen in den Arbeitsbetrieb eingreifen, um so durchgreifender die Arbeitsgebiete umorganisiert, d. h. auf die Ausnutzungsmöglichkeiten der Maschinen umgestellt werden müssen. Zu solchen organisatorischen Arbeiten sind in den einzelnen Ressorts nicht immer die nötigen Voraussetzungen vorhanden.

Der Reichsfinanzminister wird daher auch für die Untersuchungen der maschinellen Arbeitstechnik in der Reichsverwaltung diejenige Stelle sein, die zur Führung auf diesem Gebiete am geeignetsten erscheint. Dem Reichsfinanzminister stehen die Mittel und die großen praktischen Versuchsgebiete zur Verfügung; er bietet schließlich auch die Gewähr für die unerläßliche Einheit der behördlichen Organisationstätigkeit.

All diese Untersuchungen erfordern eine wissenschaftliche Durchdringung des gesamten Arbeitsstoffes. Je größer das Untersuchungsgebiet ist, um so mehr wird sich die Notwendigkeit herausstellen, besondere Organe zu schaffen, die sich ausschließlich mit diesen wichtigen betriebswissenschaftlichen Fragen zu befassen haben, und die dahin wirken, daß aussichtsreiche Ansätze der Entwicklung bei den einzelnen Versuchsstellen nicht gehemmt werden; denn bei allen Neuerungen, die eine Verbilligung der Arbeitsmethode und demzufolge eine Ersparnis von Arbeitskräften zur Folge haben, ist mit dem natürlichen Widerstand der bisher mit diesen Arbeiten befaßten Kräfte zu rechnen, wenngleich sich diese Befürchtungen nach den bisherigen Beobachtungen noch nicht als begründet erwiesen haben.

Es handelt sich jetzt darum, die Erkenntnis von der Notwendigkeit, die Arbeitsmethoden zu modernisieren und mit neuzeitlichen Einrichtungen zu versehen, zum Gemeingut aller Reichsbehörden zu machen. Die treibende Kraft, die bei den Erwerbsunternehmungen zur Verbilligung der Arbeitsmethoden zwingt, nämlich das Streben nach Gewinn, ist in den Reichsressorts nicht lebendig. Wenn es auch der Reichssparkommissar an Anregungen und Vorschlägen nicht fehlen läßt, so sind in der Reichsverwaltung auf diesem Gebiete Fortschritte nur dort erzielt worden, wo den Anregungen besondere Bereitwilligkeit entgegengebracht wurde.

Es ist zu begrüßen, daß neuerdings die Verwaltungsakademie Berlin in Verbindung mit Behörden des Reiches, des Staates und der Gemeinden, sowie den deutschen Beamtenberufsverbänden das „Deutsche Institut für wirtschaftliche Arbeit in der öffentlichen Verwaltung“ (Diwiv) ins Leben gerufen hat, das in enger Zusammenarbeit mit gleichartigen Organisationen — wie dem Reichskuratorium für Wirtschaftlichkeit, dem Ausschuß für wirtschaftliche Verwaltung usw. — das Problem der wirtschaftlichen Gestaltung der öffentlichen Verwaltung untersucht. Das Institut hat sich besonders zur Aufgabe gestellt, die bei der Akademie bestehenden Einrichtungen zur Erforschung und Erprobung der besten wirtschaftlichen Arbeitsverfahren auszubauen und zu fördern und als wissenschaftlicher Berater und Auskunftsstelle über Neuerungen auf dem Gebiete der Büroreform allen öffentlichen Verwaltungsstellen zu dienen. Den Reichsbehörden wird daher aller Voraussicht nach in dem Deutschen Institut für wirtschaftliche Arbeit auch auf dem Gebiet der Reform des behördlichen Zahlungsverkehrs ein willkommener Helfer erstehen.

Schon jetzt aber ist es klar, daß alle Verbesserungen des behördlichen Zahlungsverkehrs stets Hand in Hand mit den außerhalb der behördlichen Verwaltung stehenden Organen des Zahlungsverkehrs also in der Hauptsache mit der Post und den Banken, entwickelt werden. Nur eine engere Zusammenarbeit zwischen der Reichsverwaltung und den Trägern des allgemeinen Zahlungsverkehrs verhindert, daß Vereinfachungen und Verbilligungen der Arbeitstechnik und der Zahlungsmethoden nicht auf Kosten der Gegenseite angestrebt oder gar durchgeführt werden. Es wird also Aufgabe des Reichsfinanzministers sein, die gesamte Reformarbeit, unbeschadet ihrer Beschleunigung, in einen möglichst großen Rahmen zu legen, und durch den Zwang zur Ersparnis, unter dem zur Zeit die Reichsverwaltung steht, und der sie veranlaßt, alle fortschrittlichen Neuerungen zur Verbilligung und Vereinfachung ihrer Verwaltungstätigkeit auszunutzen, auch anregend auf die Privatwirtschaft einzuwirken. Der Reichsfinanzminister wird sich als ein starker, autoritativer Förderer auf dem Gebiete der wirtschaftlichen Gestaltung des gesamten Reichsverwaltungsdienstes zeigen müssen und sollte mit neuzeitlichen Arbeitsmethoden ein nachahmenswertes Beispiel auch den übrigen öffentlichen Verwaltungen der Länder und Kommunen bieten.

Literaturverzeichnis.

Breit: Kommentar zum Bankgesetz, systematisch erläutert, Berlin: R. v. Deckers Verlag 1911.

Buchholtz: Haushalts-, Kassen- und Rechnungswesen, Reich, Staat und Gemeinde. Mannheim 1924.

Buchwald: Die Technik des Bankbetriebes. 8. Aufl. Berlin: Julius Springer. 1924.

Buff: Die bargeldlose Zahlung und die deutschen Behörden. Anl. d. Deutschen Reiches für Ges. Verw. und Volksw. Jg. 1907, S. 788ff.

Buschkiel: Das Kassen- und Zahlungswesen der staatlichen und kommunalen Behörden im Königreich Sachsen. Münch. Volksw. Stud. Nr. 89. Stuttgart-Berlin 1909.

Diedrichs: Die Verwendung maschineller Hilfsmittel im Bankbetrieb. (Heft 1 der Bank- und finanzwirtschaftlichen Abhandlungen, hrsg. von Prof. Dr. W. Prion.) Berlin: Julius Springer. 1923.

Eichenseer: Die bargeldersparenden Zahlungsmethoden, welche durch die Reichsbank verursacht worden sind. Würzburger Dissertation 1912.

Feuchtwanger: Die Darlehnskassen des Deutschen Reiches. Stuttgart 1918.

Hartung: Der Scheck- und Giroverkehr der Deutschen Reichsbank. Berlin 1880.

Heyn: Unser Geldwesen nach dem Kriege. 1919.

Herrfurth: Das gesamte preußische Etats-, Kassen- und Rechnungswesen usw. 4. Aufl. Bd. II. Berlin 1905.

Hövermann: Zur Reform des Etats-, Kassen- und Rechnungswesens. Bonn 1905.

Hügli: Die Buchhaltungssysteme und Buchhaltungsformen. Bern 1887.

Illemann: Der Zahlungsverkehr durch Post und Bank. Leipzig 1917.

Kahn: Gegen den Bargeldverkehr. Leipzig 1916.

Kimmich: Die finanziellen Beziehungen zwischen Staat und Notenbanken. Berlin 1909 (erweiterter Sonderauszug aus dem Bankarchiv 1909).

Klapdor: Betrachtungen über die Verwendbarkeit geldersparender Zahlungsmethoden bei öffentlichen Kassen. Bankarchiv 1907/08. S. 220.

Koch: Die Umstellung des Kassenbetriebes der Finanzämter auf maschinelle Arbeitsmethoden. Berlin 1924.

Krakenberger: Das Kassen- und Zahlungswesen des Staates und der Kommunen im Königreich Bayern. Münch. Volksw. Stud. Nr. 96. Stuttgart-Berlin 1909.

Lansburgh: Die Politik der Reichsbank. München-Leipzig 1924.

Lotz, W.: Finanzwissenschaft. Tübingen 1917.

— Der Fiskus und der Scheckverkehr. Bankarchiv 1906/97. S. 305ff.

Maaß: Das Kassen- und Zahlungswesen im Königreich Belgien. (Münch. Volksw. Stud. Nr. 112. Stuttgart-Berlin 1911.

Meuthen: Die Maschinenarbeit in deutschen Bankbetrieben. (Heft 6 der Bank- und finanzwirtschaftlichen Abhandlungen, hrsg. von Prof. Dr. W. Prion. Berlin: Julius Springer. 1926.

Meyer: Vorschläge zur gesetzgeberischen Förderung des bargeldlosen Zahlungsverkehrs. Berlin 1919.
Meyer, Georg: Lehrbuch des deutschen Verwaltungsrechts. Leipzig 1910.
Muß, Max: Der bankmäßige Zahlungsausgleich in Deutschland. Berlin und Leipzig 1922.
Leo Oppen: Wortlaut der Rede des Reichskommissars für das Zahlungswesen im Reichstag. Die nicht gehaltene Rede eines Reichskommissars in partibus infidelium. Mannheim: G. Jacob 1918.
v. Philippovich: Die Bank von England im Dienste der Finanzverwaltung des Staates. Wien-Leipzig 1911.
— Grundriß der politischen Ökonomie. Bd. I und II, 2. Tübingen 1919.
Prion: Lehre vom Bankbetrieb, Hw. d. St. W. 4. Aufl. Bd. II, S. 124ff.
Reichsministerium des Innern: Handbuch für das Deutsche Reich 1922 und 1924. Berlin 1925.
Schmalenbach: Grundlagen dynamischer Bilanzlehre. Leipzig 1924.
Seideler: Die bankmäßige Organisation der staatlichen Kassenverwaltung. Zeitschr. f. Volksw., Sozialpol. und Verw. Bd. 7. Wien und Leipzig.
Schippel: Bargeldloser Verkehr unserer Reichsbank und der Krieg. 3. Aufl. Berlin 1918.
— u. Schoele: Der bargeldlose Zahlungsverkehr in formularmäßiger Darstellung. Heft 5 der Anschauungsstoffe aus dem Gebiete der kaufmännischen Wirtschaft hrsg. v. Hanisch und Prion. Leipzig 1920.
Schmidt, F.: Der nationale Zahlungsverkehr 2. Aufl. Bd. I. Leipzig 1920.
— Bargeldloser Zahlungsverkehr,4. Aufl. Hw. d. St. W., Bd. I I. S. 360.
Schrott: Lehrbuch der Verrechnungswissenschaft. 4. Aufl. Wien 1861.
Schwarz: Formelle Finanzverwaltung in Preußen und im Reich. Berlin 1907.
Schulze-Wagner: Reichshaushaltsordnung vom 31. 12. 1922, mit Erläuterungen. Berlin 1923.
Thorwart: Die Deutsche Genossenschaftsbank und der Giroverband der deutschen Genossenschaften. Berlin 1911.
Wagner, Ad.: Finanzwissenschaft I. Teil. 3. Aufl. Leipzig und Heidelberg 1883.
Zwieseler: Der bargeldlose Zahlungsverkehr. Stuttgart 1919.

Zeitschriften.

Bankarchiv, Herausgeber Rießer, Berlin.
Die Bank.Herausgeber A. Lansburgh.Berlin: Bank-Verlag
Der Zahlungsverkehr. Hrsg. von der Abt. der Reichsbank für bargeldlosen Zahlungsverkehr. Berlin: Rob. Gürgens.
Zeitschrift für handelswissenschafliche Forschung. Herausgeber Schmalenbach. Leipzig: Glöckner.
Zeitschrift für Handelswissenschaft und Handelspraxis. Hrsg, von Nicklisch, Stuttgart.

Ferner:

Die amtlichen Dienstvorschriften für den Kassendienst.
Denkschriften des Reichssparkommissars über die Reform des Kassenwesens.
Sitzungsprotokolle der Kommissionen im Reichsfinanzministerium zur Feststellung allgemeiner Grundsätze für die Kassen- und Buchführung gem. § 55 der Reichshaushaltsordnung.
Amtsblatt der Reichsfinanzverwaltung.

GPSR Compliance

The European Union's (EU) General Product Safety Regulation (GPSR) is a set of rules that requires consumer products to be safe and our obligations to ensure this.

If you have any concerns about our products, you can contact us on ProductSafety@springernature.com

In case Publisher is established outside the EU, the EU authorized representative is:

Springer Nature Customer Service Center GmbH
Europaplatz 3
69115 Heidelberg, Germany

Batch number: 10844655

Printed by Printforce, the Netherlands